Blüten für die Küche

HÄDECKE

Blüten für die Küche

Warenkunde & Rezepte

Erica Bänziger Ruth Bossardt

Widmung

Dieses Buch ist meiner lieben Mutter Melanie gewidmet, die 2009 bei bester Gesundheit ihren 70. Geburtstag feiern durfte. Uns beiden gemeinsam ist die Freude für alles Blühende. Ihr Garten in Nordfriesland gleicht einem Blütenmeer.

Erica Bänziger

Danke / Grazie

Dass es so ein buntes Blütenbuch werden konnte, dazu war ich auf die Hilfe von Freunden und Bekannten angewiesen, die mir immer wieder mit Setzlingen und Blumen aus ihrem Garten unter die Arme griffen.

Speziell danken möchte ich Annafried Widmer-Kessler, die das Buch anregte, aber nicht selber realisieren konnte. Ihr verdanke ich auch einige Rezepte.

Ein besonderer Dank geht an meinen Gärtnerfreund Marc Buchwalder und seine Lebenspartnerin Naomi Zangger, die mir ihre Küche und ihren wunderbaren Garten für das Fotoshooting zur Verfügung gestellt haben. Es waren unvergessliche Tage.

Andreas Thumm, der Foodfotograf, hat die blumigen Rezepte mit dem Tessiner Sonnenlicht wunderbar verschmolzen.

Erica Bänziger

Lizenzausgabe für Walter Hädecke Verlag, D-71263 Weil der Stadt
www.haedecke-verlag.de

Lektorat ··· Léonie Schmid
Gestaltung Cover ··· Julia Graff, Design & Produktion, Stuttgart
Gestaltung Inhalt ··· FonaGrafik, Sabine Jäggi
Bilder Einführung ··· Andreas Thumm, Freiburg i. Br.: alle Bilder, außer Seiten 16, 23 / falscher Safran, 25, 31 / Kamelie, 36, 37, 40, 42 / Ringelblume, 45, 51 / Waldmeister, 52 / Zitronenblüte, 54 / Robinie (FloraFoto, Langenhagen / D); 17 (Photo2222, Wikipedia); 22, 28, 29 / Ingwer, 44, 50 (Beat Ernst, Basel)
Foodbilder ··· Andreas Thumm, Freiburg i. Br.
Druck ··· Offizin Andersen Nexö Leipzig GmbH, Zwenkau

ISBN 978-3-7750-0579-1

Inhaltsverzeichnis

Botanik und Geschichte

Mit Vorsicht zu konsumieren

Rezepte

Vorspeisen

Hauptspeisen

Desserts

Getränke

Basics

Anhang

Wo nicht anders vermerkt, sind die Rezepte für 4 Personen berechnet.

Vorwort

Frühling ist! Winter adieu. Die lang ersehnte Gartensaison kann beginnen. Das Glücksgefühl, welches das zarte Grün und jede mir zuwinkende Blüte auslösen, ist unbeschreiblich. Jeder Gartenfreund wird kribbelig, wenn er wieder in seinem kleinen Paradies aktiv werden kann und jeden Tag etwas Neues entdeckt. Vergessen ist der lange Winter, wenn der Frühling kommt und alles sprießt und blüht. Mit den Blüten setzt sich die Vegetation gleich selber tausendfach die Krone auf. Sie sind etwas vom Schönsten, was uns Mutter Natur jedes Jahr aufs Neue schenkt.

Ohne Blüte ist nur in seltenen Fällen eine Fruchtbildung möglich. Auch für Samen braucht es fast immer Blüten. Darum lasse ich stets von allen Gemüsesorten eine Pflanze blühen; erstens sieht das dekorativ aus, zweitens kann ich Samen gewinnen und drittens kann ich die Blüten der Gemüsepflanzen kulinarisch nutzen, sofern sie gut schmecken.

Essbare Blüten begleiten mich seit 1985. Erste Speisen dekorierte ich damit in einem Kurhaus in Engelberg, wo ich damals als Ernährungsberaterin tätig war. Die Blumen hatte ich aus einem großen Kräuter- und Gemüsegarten, den ich mit großer Freude pflegte. Damals waren Blütendekorationen noch nicht so sehr in Mode, geschweige denn das Essen derselben. Nicht wenige Gäste staunten ob der bunt dekorierten Teller.

Die Augen für die Blütenwelt hat mir Christel Kurz geöffnet, eine faszinierende Frau, die in Bischofswiesen (D) ein Kurhaus führt. Liebe Christel, herzlichen Dank! Das Blütenvirus war echt ansteckend und hat mich nicht mehr losgelassen.

Essbare Blüten sind Mode. Und trotzdem erlebe ich immer wieder, dass das Essen bei vielen auf Skepsis stößt und Fragen aufwirft, ob denn die Blüten auch wirklich schmecken und ob man das unbeschadet überstehe. Es ist für viele nach wie vor gewöhnungsbedürftig, wenn ich im Garten von Freunden eine Taglilie pflücke und sie genüsslich esse. Selbst befreundete Gärtner staunen. Sie kennen zwar die Gartenblumen, wissen aber nicht, welche man essen darf. Neu ist die Erkenntnis, dass viele Blüten essbar sind.

Als ich die Anfrage für dieses Buch erhielt, war ich gleich begeistert. In einer fantastischen Sonderschau zum Thema «Essbare Gartenblumen» auf Schloss Wildegg im Sommer 2008 lernte ich viele neue essbare Blüten kennen, die ich früher nicht zu essen wagte, etwa Begonien, Nelken, Salbeiarten, Ingwerblüten. Noch im gleichen Jahr habe ich in meinem Garten «Inventur» gemacht. Zwar hatte ich schon viele Blütenpflanzen, aber längst nicht alle. Möglichst viele sollten 2009 ein Plätzchen bekommen. Damit war ich für die Realisierung dieses Buches gut gewappnet: Bewährte alte Rezepte wurden ausprobiert und abgewandelt, neue entstanden. Es wurde eifrig degustiert. Bei manchen essbaren Blüten hielt sich die Begeisterung in Grenzen, denn nicht alles, was essbar ist, schmeckt. Natürlich gab es unter den Newcomern zahlreiche Blüten, die ein Glücksgefühl auslösten. Die Quintessenz: Es gibt viele essbare Blüten, aber nicht alle sind es wert, verspeist zu werden. Diese Blüten verwende ich weiterhin als Dekoration und lasse sie ohne schlechtes Gewissen auf dem Teller liegen. Einige davon schmecken eingezuckert sehr fein. Beim Kochen mit Blüten darf und muss man tüfteln. Am besten beißt man als erstes einfach mutig hinein.

Wenn Sie mit diesem Buch vom Blütenvirus angesteckt werden, freut mich das. Mein Wunsch ist, dass die Menschen wieder vermehrt den Wert von Blüten und Blumen als Genussmittel auf dem Teller kennenlernen und das uralte Wissen damit erhalten bleibt. Kinder haben übrigens an den bunten Blüten ihre helle Freude und sind fantasievolle Dekorateure. Freunde und Bekannte können mit farbigen Blütenkreationen immer wieder aufs Neue überrascht werden. Was gibt es Schöneres, als mit Blumen in eine Party einzusteigen?! Für Gesprächsstoff ist in jedem Fall gesorgt.

In diesem Sinne wünsche ich allen blütenreiche Happenings und viel Freude an dieser kreativen Art des Kochens.

Erica Bänziger

Es ist eine alte Wahrheit, dass die Augen mitessen. Wenn auf dem Teller etwas undefinierbar Graues liegt, stochert man lustlos darin, mag es auch noch so köstlich riechen und schmecken. Hier spielen Blüten ihren ersten Trumpf aus, denn es gibt sie in den vielfältigsten Farben und Formen. Einige riechen zudem verführerisch gut, andere entfalten ihren Geschmack beim ersten Biss.

Wir importieren exotische Früchte aus aller Herren Länder, dabei genügt oft ein Gang in den Garten oder auf den Balkon, und schon hat man einen exotisch anmutenden Leckerbissen auf dem Teller. Die bezaubernden Blüten schmecken oft ausgezeichnet, mal scharf und kresseartig, mal pfefferig oder nach Pilzen. Sie bringen Abwechslung und Vielfalt auf den Teller und sind in jedem Fall eine köstliche Bereicherung.

Reine Nutzgärten zur Selbstversorgung werden immer rarer, im urbanen Raum sind die Gärten meist sehr klein, die Landpreise umso höher. In seinem Gärtchen möchte man dann vor allem ästhetisch ansprechende Pflanzen kultivieren. Und trotzdem muss man nicht auf seinen Nutzgarten verzichten.

Mit etwas Geschick kann man nämlich zwei Fliegen auf einen Schlag treffen, indem man Pflanzen auswählt, die schön sind und erst noch gut schmecken. So lassen sich Augenschmaus und Gaumenfreude leicht verbinden. Es gibt eine stattliche Anzahl solcher Pflanzen. Und viele von ihnen kann man auch in Töpfen und Balkonkistchen ziehen. Das gibt einem bei unerwarteten Gästen auch gleich die Möglichkeit, einen Salat speziell zu dekorieren.

Ruth Bossardt

Botanik und Geschichte

Ein Blick in die Geschichte

Essbare Blüten erleben eine Renaissance. In den Gourmet-Restaurants werden die Teller mit Blüten dekoriert, die man essen kann. Essbare Blüten bekommt man auf dem Wochenmarkt, in der Markthalle und im Feinkostladen.

Schon viel früher wurden in der Küche Blüten verwendet, das Wissen ist bloß etwas in Vergessenheit geraten. Die alten Römer schwelgten in Rosen, besonders gegen Ende des Römischen Reiches. Bei luxuriösen und lukullischen Gelagen durften Rosen nicht fehlen. Dabei wurden mitunter die ausgesuchtesten Speisen nicht nach ihrem Wohlgeschmack bewertet, sondern nach der Schwierigkeit der Beschaffung. Rosen im Winter auf der Tafel war ein Zeichen von Noblesse. Sie stammten aus Spanien, Ägypten oder gar aus Indien. Mit den Rosen ging man verschwenderisch um, Tische und Böden wurden mit Rosenblättern bestreut, aber auch in der Küche kamen sie ausgiebig zum Einsatz. Rosenpudding, Rosenhonig, Rosenkleingebäck gehörten dazu, die Rose wurde als Gewürz verwendet, der Wein mit Rosenblättern bestreut, es gab auch Rosenwein. Nicht zuletzt wurde in Rosenwasser gebadet. Kaiser Heliogabal verbesserte den Rosenwein durch Beigabe von Pinienzapfen. Er ließ Fischteiche mit Rosenwein füllen, badete darin und verschenkte daraufhin den Wein an das Volk. Heliogabal ließ in einem großen Speisesaal heimlich eine umkippbare Decke einbauen und lud bald darauf zum Festmahl. Die Türen wurden von außen verschlossen, ein Hebel betätigt, und die Decke begann zu kippen. Ein Guckloch ermöglichte Heliogabal den Blick in den Saal. Von der kippenden Decke rieselten Hunderte von Blüten auf den Boden, Veilchen und Rosen, ein wunderbarer Duftregen ging auf die jubelnden Gäste nieder. Aus Hunderten wurden Tausende von Blüten, ein unermessliches Blütenmeer reichte den Gästen bis zum Hals und deckte sie schließlich ganz zu. Panik brach aus, manche Gäste bekamen keine Luft mehr und erstickten in der Blütenflut.

Rosenblüten wurden zu allen Zeiten und von vielen Völkern genutzt. Aus den bulgarischen Damaszenerrosen stellte man Rosenöl und Rosenwasser her. In der arabischen Küche wird seit jeher mit Rosen und Rosenwasser gekocht. Auch in nördlicheren Gefilden kannte man die Rose. Die alten Germanen würzten ihren Met, den Honigwein, mit Blüten von Mädesüß. Der darin enthaltene Wirkstoff Salicyl dürfte geholfen haben, dass die Menschen nach einem Gelage am nächsten Tag nicht zu stark unter Kopfschmerzen litten. Der Name Mädesüß hat nichts mit einem «süßen Mädchen» zu tun, sondern mit «Met-Süß».

Beim Blättern in alten Kochbüchern aus dem Mittelalter und der Renaissance stößt man auf Rezepte für Rosenmus und Veilchenkonfitüre. Die Speisen wurden mit Kornblumen und Veilchen blau, mit Safran gelb gefärbt. Man stellte mit Veilchen auch eine Art Marzipan her. Dazu kochte man sie in Honig, legte sie in Öl ein und verarbeitete sie mit Mandeln und Rosenwasser zu einer Paste. Likör mit Rosen- oder Orangenwasser dürfte gemundet haben, wie auch Wein mit Löwenzahn, Rotklee oder Holunderblüten. Das Einzuckern / Kandieren war eine beliebte Art, Blüten von Orangen, Veilchen oder Nelken haltbar zu machen. Die Damen liebten es in England zu viktorianischen Zeiten, eingezuckerte Veilchen zu naschen. In der Veilchenstadt Toulouse (F) gibt es Veilchen-Spezialitäten.

Schon immer wurden auch andere Blüten oder Blütenteile genutzt respektive gegessen. Etwa die Gewürznelken oder die Kapern, beides Blütenknospen. Es sei daran erinnert, dass es auch unter den Gemüsen Knospen gibt, so den Blumenkohl, den Brokkoli oder die Artischocken. Mit den gelben Staubblättern des Safrans werden Speisen gewürzt und gefärbt, ein günstiger Ersatz waren Ringelblumenblüten und Saflor. Mit schwarzen Stockrosenblüten wurde der Wein dunkel gefärbt und mit Muskatellersalbei parfümiert. Holunderblüten wurden für Sirup verwendet. Zahlreiche Blüten von Wildblumen sammelte die Landbevölkerung für Teemischungen, so etwa Schlüsselblumen, Kornblumen, Mohn oder Goldmelisse. Mit eingezuckerten Veilchenblüten dekorierte man Desserts. In England wurden im Mittelalter häufig Veilchenblüten für Suppen, Saucen und Desserts verwendet. Die Gänseblümchen waren im Mittelalter ebenfalls hoch geschätzt. In Wein gedünstet, sollten sie die Leber kühlen und die innere Hitze löschen.

Blüten in der Küche anderer Länder

Die Chrysanthemen stammen aus China. Schon Konfuzius waren sie bekannt. Ihr Genuss in Tee oder Reiswein versprach ein langes Leben. Sie wurden auch in Japan und Korea verwendet. Speisechrysanthemen (Chrysanthemum coronarium) findet man in Asien häufig auf dem Markt, die jungen Blätter mit ihrem nussig-milden Geschmack genauso wie die Blüten. Sie werden gedünstet oder frittiert. Auch Taglilien haben in der Küche Ostasiens Tradition. Alle Teile der Pflanze sind essbar, die jungen Triebspitzen werden als Gemüse gegessen. Sie können auch blanchiert und tiefgekühlt werden. Taglilienknospen enthalten viel Vitamin A und C.

Die Indianer in Mexiko bereiteten Eintöpfe mit Yuccablüten und Fleisch zu. Die Agave war ein wichtiges Nahrungsmittel bei den indigenen Völkern in der Wüste und auch den Azteken wohl bekannt. Aus den cremeweißen Blüten der Agave mexicana wurde ein schmackhaftes Gemüse zubereitet. Oder die Blüten wurden getrocknet und in Honig kandiert. Die Goldmelisse mit den roten nektarreichen süßen Blüten ist bei den Indianern Nordamerikas seit langem als Tee beliebt.

Andere Länder, andere Sitten? Man braucht nur einen Blick nach Italien und Frankreich zu werfen, wo Zucchiniblüten in der Küche sehr beliebt sind und vielseitig verwendet werden.

Achtung, Giftpflanzen!

Blüten naschen macht Spaß. Man entdeckt seinen Garten neu und ist beeindruckt von den vielen speziellen Geschmacksnoten von beliebten Gartenblumen. Degustieren ist erlaubt. Dennoch gilt es, einige Regeln zu beachten, denn es gibt auch giftige Pflanzen im Garten. Die Giftigkeit einer Pflanze ist nicht ganz einfach zu beurteilen. Nicht bei jeder Giftpflanze sind alle Pflanzenteile gleich giftig. Auch Tomaten sind eigentlich giftig, wenn wir nicht ausgereifte Früchte essen, ebenso Kartoffeln, wo bloß die Knollen essbar, die Früchte hingegen giftig sind. Die Gefahr einer Vergiftung mit essbaren Blüten ist allerdings klein, da man diese meist nicht in Massen verzehrt. Trotzdem gibt es Pflanzen, bei denen es heißt: «Hände weg». Essen Sie nur Blüten von Pflanzen, die Sie auch wirklich kennen und von denen Sie wissen, dass es keine Giftpflanzen sind. Giftige Pflanzen sind beispielsweise Eisenhut (Aconitum sp.), Seidelbast (Daphne mezereum), Ricinus (Ricinus communis), Oleander (Nerium oleander), Wolfsmilcharten (Euphorbia sp.), Kornrade (Agrostemma githago), Herbstzeitlose (Colchicum sp.), Akelei (Aquilegia sp.), Fingerhut (Digitalis sp.), Maiglöckchen (Convallaria majalis), Rhododendren, Azaleen, Narzissen (Narcissus), Hyazinthen (Hyacinthus), Glyzinien (Wisteria sp.). Ebenfalls giftig sind Schwertlilien (Iris sp.), Anemonen und Christrosen. Es gibt zudem Heilpflanzen wie Arnika, die man ebenfalls nicht essen sollte.

In diesem Buch wird auch mit Blüten von Tulpen, Jelängerjelieber und Robinien gekocht. Auch hier handelt es sich um giftige Pflanzen, wobei die Giftstoffe sich nicht in den Blüten, sondern in anderen Pflanzenteilen konzentrieren.

Es gibt unproblematische Pflanzenfamilien, aber auch solche, bei denen es unzählige Giftpflanzen gibt. Jede Pflanzenfamilie hat ihre Spezialität. Die Lippenblütler beispielsweise sind harmlos. Sie zeichnen sich zudem durch einen hohen Gehalt an ätherischen Ölen aus. Viele unserer Küchenkräuter gehören in diese Familie, so Rosmarin, Oregano, Lavendel, Bohnenkraut. Gefährlich sind Hahnenfuß-, Wolfsmilch- und Nachtschattengewächse. Hier gibt es viele teils sehr giftige Pflanzen, etwa Tollkirsche, Engelstrompete, Bilsenkraut, Eisenhut. Daneben gibt es Pflanzenfamilien mit vielen essbaren Nutzpflanzen, aber auch gefährlichen Giftpflanzen. Bei den Doldengewächsen beispielsweise essen wir Karotten und Fenchel oder Petersilie und Dill, daneben gibt es die Hundspetersilie (Aethusa cynapium) oder den gefleckten Schierling (Conium maculatum), welche gar nicht harmlos sind und leicht verwechselt werden können.

Ernte und Bezugsquellen

Nicht alle sind in der glücklichen Lage, einen Garten zu besitzen. Doch auch auf dem Balkon kann man in Töpfen und Kistchen zahlreiche Pflanzen mit essbaren Blüten kultivieren. Nicht zuletzt gibt es auch im Handel essbare Blumen. Auf Wochenmärkten bieten Biobauern ab und zu Blüten an. Abzuraten ist vom Kauf von Blüten im Blumengeschäft. Häufig kommen die Blumen aus fernen Ländern und sind mit Pflanzenschutzmitteln behandelt. Man muss sicherstellen können, dass die essbaren Blumen pestizidfrei sind!
Am besten schmecken die Blüten natürlich frisch aus dem eigenen Garten. Der optimale Erntezeitpunkt ist am Vormittag, ohne Tau und vor starker Sonneneinstrahlung. Die gepflückten Blüten möglichst rasch verarbeiten und essen. Blüten, die unweit des Bodens gepflückt werden, sollten gut gewaschen werden. Das Risiko, dass sie mit dem Fuchsbandwurm infiziert sind, ist zwar gering, aber nicht auszuschließen. Je nach Blütenart muss man die grünen Blütenteile entfernen, also die Kelchblätter und eventuell Teile des Stiels. Auch Stempel und Staubblätter entfernt man meist bei größeren Blüten vorsichtig. Bei Ringelblumen zupft man die Blütenblätter ab und verwendet nur diese, ebenso bei Dahlien. Bei Rosen entfernt man den bitter schmeckenden weißen Teil am Ansatz des Blütenblattes. Am besten schmecken die Blüten im Knospen- oder im frisch aufgeblühten Stadium, später können sie bitter sein.

Das Haltbarmachen von Blüten

Blüten können haltbar gemacht werden, indem man sie trocknet, einzuckert/kandiert, in Essig oder Öl einlegt, daraus Gelee, Konfitüren oder Sirup herstellt. Auch Wein und Schnaps können mit Blüten angereichert werden, es entstehen eigentliche Blütenweine respektive Blütenschnäpse. Auch Zucker und Salz können mit Blüten parfümiert werden. Eine weitere Möglichkeit ist das Konservieren/Haltbarmachen in Wasser respektive Eis. Die attraktiven Eiswürfel sind beliebt für coole Drinks. Die Taglilienblüten können sogar tiefgekühlt werden.

Begonie, Knollen-

Begonia-Tuberhybrida-Gruppe,
Begonia sp.
Begoniaceae

Im Garten ist die Begonie (Semperflorens-Gruppe) eine beliebte Randbeetpflanze. Knollenbegonien (Begonia-Tuberhybrida-Gruppe) gehören zu den typischen Balkon- und Ampelpflanzen. Die feinen Blüten der Begonia-Tuberhybrida-Gruppe sind einiges größer als die der Randbeetpflanzen. Das Farbspektrum ist beeindruckend. Essbar sind alle Blüten, auch jene der Topfpflanzen.

Kultur Die Anzucht von Randbeetpflanzen lohnt sich kaum, besser kauft man Jungpflanzen auf dem Markt. Man pflanzt sie sonnig bis (halb)schattig. Sie werden bei uns einjährig kultiviert.
Die Knollenbegonien (Begonia-Tuberhybrida-Gruppe) wachsen aus einer Knolle. Sie lieben einen halbschattigen bis schattigen Standort, zum Beispiel in Töpfen oder in Balkonkistchen.

Blütezeit Mai bis Oktober

Besonderes Auch die Blüten anderer Begonienarten sind essbar.

Blütenschmaus Es gibt weiße, rosa- und lachsfarbene, rote und sogar gelbe Blüten. Sie sind knackig und haben einen guten Biss und eine säuerliche Note. Nicht zu viele Blüten essen, sie enthalten Oxalsäure.
Blüten mit Früchten kombinieren, sie passen auch zu Salaten und können wie Veilchen eingezuckert werden. Hübsche Dekoration für Kuchen, Fruchtsalat und Desserts allgemein.

Begonie

Borretsch

Borago officinalis
Boraginaceae

Der Borretsch ist raschwüchsig und versamt zudem leicht. Die Pflanze kann ziemlich stattlich und ausladend werden. Typisch sind die borstig behaarten Blätter.

Kultur Der Borretsch braucht eher feuchten und nahrhaften Boden. Die Pflanze ist einjährig. Aussaat ist von April bis Juli.

Blütezeit Juni bis zum ersten Frost

Verwendung allgemein Die jungen Blätter werden als Küchenkraut und Gemüse verwendet. Weil die Blätter nach Gurke duften, wird die Pflanze auch Gurkenkraut genannt. Von den Blättern sollte man nicht zu viel essen. Borretsch ist in Gesichtswässern und Reinigungsmilch enthalten. Das in den Samen enthaltene Öl enthält viele ungesättigte Omega-6-Fettsäuren, insbesondere Linolsäure und Gamma-Linolensäure.

Besonderes Bienenpflanze. Nebst dem blau blühenden Borretsch gibt es auch eine weiß blühende Sorte. Der mehrjährige Borretsch (Borago pygmaea) ist ebenfalls essbar.

Blütenschmaus Die sternförmigen Blüten werden zum Dekorieren von Drinks, Salaten und anderen Gerichten verwendet. In Eiswürfeln sehen die Blüten sehr attraktiv aus. Man kann sie auch zum Blaufärben von Essig verwenden.

Borretsch

Chrysantheme, Speise-

Tanacetum coronarium
Asteraceae

Die Japaner verwenden in der Küche nebst der Speisechrysantheme unter anderem auch die erst im Herbst blühenden Hybrid-Züchtungen mit den großen gefüllten Blüten.

Kultur einjährig, wird im März/April ausgesät oder Juni/Juli für eine Herbsternte.

Blütezeit Juni bis September

Verwendung allgemein Junge (!) Blätter roh oder blanchiert für Salate oder Spinat. Sie haben ein zartes Selleriearoma.

Besonderes Die Pflanze ist reich an Vitamin C und Mineralstoffen, insbesondere an Eisen.

Blütenschmaus Die Blütenblätter eventuell einige Sekunden in sehr warmem gesalzenem Wasser einlegen, damit sie die Bitterkeit verlieren.
Kleine Blütenköpfe eine Minute in kochendem Wasser blanchieren, mit Salz und Ingwer würzen, zu Reis servieren. Blüten im Ausbackteig frittieren. Oder Suppen und Salate mit den gelben Blütenblättern dekorieren, die einen angenehmen herben Geschmack haben. Chrysanthemen werden traditionell für Wok-Gerichte verwendet. Getrocknete Blüten werden in Asien für Tees verwendet.

Chrysantheme

Cosmea

Cosmea, Schmuckkörbchen

Cosmos bipinnatus, C. atrosanguineus
Asteraceae

Die Cosmeen gehören mit ihren großen Blüten zum reich blühenden Sommerflor.

Kultur Einjährig als Sommerblume. C. atrosanguineus ist mehrjährig, die Knollen wie die von Dahlien frostfrei überwintern.

Blütezeit Juni bis Oktober

Verwendung allgemein Sommerflor

Besonderes Die Blüte von C. atrosanguineus riecht nach Schokolade und wird deshalb auch Schokoladenblume genannt.

Blütenschmaus Große, dekorative Blüten in Weiß, Rosa und Lila, auch in Braun (C. atrosanguineus).

Dahlie (Georgine)

Dahlia x hortensis
Asteraceae

Die Dahlie stammt aus Mexiko und war schon bei den Azteken beliebt.

Kultur Die nicht winterharten Knollen Ende April, Anfang Mai pflanzen. Die Dahlien müssen an einem Pfahl aufgebunden werden. Achtung: Schneckenfraß! Im Herbst die Knollen nach dem ersten Frost ausgraben, über den Winter kühl und frostfrei lagern.

Blütezeit Niedrig wachsende Sorten ab Juni, höher wachsende Sorten ab Juli bis Oktober oder bis zum ersten Frost.

Verwendung allgemein Schnittblume, dekorative Gartenblume

Besonderes Es gibt viele Sorten und unterschiedliche Blütenformen und Farben, darunter alte Sorten mit tellergroßen Blüten.

Dahlie

Blütenschmaus Die Blütenblätter haben einen würzig-säuerlichen Geschmack, aber nicht alle schmecken gleich gut. Einige haben einen bitteren Geschmack und riechen etwas penetrant. Am besten Blüten degustieren: Blütenblätter über den Salat oder ein belegtes Brötchen streuen.

Die hier erwähnten Sorten sind schmackhafter als andere. Allerdings können die Blüten der gleichen Sorte sehr unterschiedlich sein. Empfohlen werden eher großblumige Sorten mit großen Blütenblättern, weil sie schmackhafter und zarter sind. Am besten entfernt man den Blütenblattansatz. Pompondahlien sind weniger zu empfehlen.

Normales Sortiment

- 'Renato Tosio', orange, pfeffrig
- 'Mick's Peppermint', weiß, weinrote Streifen
- 'Tomo', violett, mit weißen Spitzen, angenehmer Geschmack
- 'Arabian Night', schwarz-rot, zu Tomatensalat oder Steak (saignant)
- 'Gerrie Hoek', rosa, mit gelber Mitte, dezent, große Blütenpetalen
- 'Karma Serena', cremeweiß, hellgelbe Mitte, dezent, mild
- 'Rebbecca's World', purpur mit weißen Blättchen, delikat
- 'Alai Mimoun', weiß, mit roten Streifen, Tipp!
- 'Nuit d'été', schwarz-rot, pfeffrig
- 'Arc de Triomphe', gelborange, große Blütenpetalen, für Safrangerichte, Melonen
- 'Emory Paul', bischofspurpur, riesige Blütenpetalen, spannender Geschmack
- 'Superfine', hellgelb

Neuheiten und Raritäten

- 'Amoret', schöne violette Farbe, lange Petalen, z. B. für Cassis-Desserts, exotischen Fruchtsalat, grünen Salat
- 'Giraffe', gelb-rosa, aparte Blüte, pfeffrig
- 'Goliath', tellergroße zitronengelbe Blüte, leicht süßlich, Tipp!
- 'Karma Choc', schwarzrot
- 'Lover Boy', dunkelrot, große Blütenpetalen
- 'Spartacus', dunkelrot, riesige Blütenpetalen
- 'Ace Summerdawn', helllila, weißer Grund, mild und süß
- 'Yara Falls', malvenfarbig, weiße Spitzen, riesige Blüten
- 'Jamaica', rot und weiß, für Salate

Duftpelargonie

Pelargonium sp.
Geraniaceae

Duftgeranien gehören wie die Geranien in den Balkonkistchen zur Gattung der Pelargonien. Viele Wildarten haben duftende Blätter, wobei auch die Blüten manchmal duften. In der Küche können die Blätter und Blüten verwendet werden, letztere insbesondere als Dekoration. Zu den Duftgeranien gehören Pelargonium graveolens, P. odoratissimum, P. tomentosum, P. vitifolium und viele andere.

Kultur Gleich wie die bekannten Geranien. Die Pflanze ist nicht frosthart, sie muss frostfrei überwintert werden.

Blütezeit Nicht so reichblühend wie unsere bekannten Geranien P. zonale oder P. peltatum.

Verwendung allgemein Die Blütenblätter enthalten ätherische Öle, die Insekten fernhalten. Geraniumöl kommt in der Kosmetik- und Lebensmittelindustrie und in der Aromatherapie zum Einsatz. Mit den vielgestaltigen Blattformen sind die Duftpelargonien hübsche Kübelpflanzen für Balkon und Terrasse.

Sorten

- P. 'Bolero', große magentarote Blüte, schwarze Saftmalen
- P. 'Brillant', kirschrote Blüte, dunkle Saftmalen
- P. 'Brunswick', auffallend große magentarosa Blüte
- P. 'Clorinda', große altrosa Blüte mit zarten Saftmalen
- P. 'Copthorne', sehr große rosa Blüte, purpurne Saftmalen
- P. 'Graveolens', kleine rosa Blüte, leider blühfaul, aus ihr wird das Geranienöl gewonnen
- P. 'Prince of Orange', zartrosa Blüte mit Saftmalen
- P. 'Queen of Lemons', rosa Blüten
- P. 'Voodoo', große samtig dunkelrote Blüte, schwarze Mitte

Am besten kauft man blühende Duftgeranien und kann sich so gleich von der Blüte und dem Duft überzeugen lassen!

Blütenschmaus Dekorative und unterschiedlich große Blüten in den Farben Weiß, Rosa, von Pink bis Malvenrot, Purpurrot und gemischt. Die Blätter duften je nach Art nach Rose, Zitrone, Minze, Apfel, Moschus oder Muskat, Wermut oder Eberraute, einige auch eher unangenehm nach Kampfer oder sogar Erbrochenem. Die Blüten haben einen zitronigen Geschmack.

Die duftenden Blütenblätter eignen sich für Sirup, Kuchen, süße Quiches, Kleingebäck und vieles mehr; immer gekocht verwenden.

In Marokko kennt man das «Eau de fleurs de Géranium», das zum Aromatisieren von Desserts verwendet wird.

Estragon

Artemisia dracunculus
Asteraceae

Es gibt den Russischen oder Sibirischen Estragon und den Aromatischen oder Deutschen Estragon.

Kultur Mehrjährige Staude, die einen nicht zu trockenen Boden bevorzugt und auch im Halbschatten gedeiht.

Blütezeit August bis September

Verwendung allgemein Blätter und Triebspitzen für Salate, Saucen und Geflügel. Wichtiges Gewürz für Kräuteressig, Senf (Estragonsenf), zum Einlegen von Essiggurken und Cornichons.

Besonderes Der Aromatische Estragon ist anspruchsvoller, aber aromatischer und blüht kaum.

Blütenschmaus Die relativ unscheinbaren Blüten des Estragons erinnern an andere Wermutarten, schmecken aber nicht so bitter, sondern durchaus angenehm.

Falscher Safran, Saflor

Carthamus tinctorius
Asteraceae

Der etwas in Vergessenheit geratene Falsche Safran ist vielseitig verwendbar, sei es als Schnittblume, Trockenblume oder als Färbepflanze.

Kultur einjährig, Aussaat April, wärmeliebend

Blütezeit Juli bis August

Verwendung allgemein Eine traditionelle Färbepflanze, wird auch Färberdistel genannt.

Besonderes Der Falsche Safran wird manchmal als echter Safran verkauft. Aus den Samen wird Distelöl gewonnen.

Blütenschmaus Die getrockneten gelborangen Blüten können zum Gelbfärben von Risotto und Kuchen verwendet werden. Neutraler Geschmack.

Fenchel

Foeniculum vulgare
Apiaceae

Wenn man den Gemüsefenchel nicht erntet, beginnt er wunderschön zu blühen, gleich wie der Teefenchel, der mehrjährig ist und etwas Platz braucht.

Kultur Gemüsefenchel einjährig, Teefenchel mehrjährig

Blütezeit Juli bis September

Verwendung allgemein Gemüse, Gewürzkraut, Teepflanze

Besonderes Der Fenchel lindert Blähungen. Der dunkellaubige Teefenchel ist eine Zierpflanze.

Blütenschmaus Dolden oder einzelne Blüten. Schöner Anblick, riechen gut.

Flammenblume, Phlox

Plox paniculata
Polemoniaceae

Der Phlox ist eine alte Bauerngartenpflanze. Neben der bekannten Flammenblume gibt es auch weniger bekannte Phlox-Arten, die meist etwas weniger stark duften.

Kultur Mehrjährige Beetstaude, bevorzugt einen sonnigen Standort und frischen Boden. Der Phlox liebt kühle Frühsommernächte.

Blütezeit Juli bis September

Verwendung allgemein Staudenbeet

Besonderes «Ein Leben ohne Phlox ist ein Irrtum», dichtete einst der bekannte Staudenzüchter Karl Foerster. Phlox ändert seine Farbe zum Teil je nach Tageszeit und Licht.

Blütenschmaus Blüten in Blau, Rosa, Rot, Weiß, Dunkelviolett, auch Sorten mit Augen. Einige Sorten duften stark. Meist lieblicher Geschmack nach Lilie, Rose oder Veilchen, je nach Sorte jedoch auch herber. Die Blüten sind knackig und eignen sich zum Einzuckern, für Salate, zum Dekorieren von Desserts, Blütenbowlen und Torten.

Flammenblume

Flieder

Syringa vulgaris
Oleaceae

Der Flieder ist eine alte Bauerngartenpflanze.

Kultur Kleiner Baum, der nicht zurückgeschnitten werden sollte. Die Blüten nach dem Verblühen entfernen, dies fördert den Blütenflor im folgenden Jahr.

Blütezeit Mai

Verwendung allgemein für Blumensträuße

Blütenschmaus Betörender Duft. Attraktive Blütenform, Blüten in Hell- und Dunkelviolett und Weiß. Zum Dekorieren von Süßspeisen, für Blütenessig und -sirup. Die einzelnen Blüten verwenden, nicht die ganze Blütentraube.

Funkie / Hosta

Hosta sp.
Hostaceae

Es gibt eine stattliche Anzahl verschiedener Arten und Sorten mit unterschiedlichen Blattformen und -größen. Die Blattfarbe kann grün bis bläulich, gelb, weißgrün oder gelbgrün panaschiert sein.

Kultur Die Staude liebt Halbschatten. Achtung: Schneckenfraß!

Blütezeit je nach Art Juli oder August bis September

Verwendung allgemein Bodenbedecker

Besonderes stammt aus Japan

Blütenschmaus Die Blüten haben einen knackigen Biss, sie können violett, bläulich oder weiß sein. Sorten auf ihren Geschmack testen, einige haben einen zarten Honiggeschmack, andere sind weniger empfehlenswert. Sie eignen sich für Pickles, zum Frittieren (möglichst junge Blüten nehmen), Dämpfen und Dünsten und zum Einzuckern. Blütenknospen im Essigwasser spülen, trocknen und dann in Salz einlegen.

Gänseblümchen

Gänseblümchen, Maßliebchen

Bellis perennis
Asteraceae

Das unscheinbare Gänseblümchen in der Wiese und im Rasen hat gezüchtete Verwandte mit gefüllten Blüten in Rosa, Rot und Weiß.

Kultur häufig im Rasen anzutreffen

Blütezeit Februar bis November!

Verwendung allgemein alte Heilpflanze

Besonderes Die Blüten ertragen bei trockener Luft Temperaturen bis –15 °C.

Blütenschmaus Die Blümchen mit ihren außen weißen oder rötlich überlaufenen Zungenblüten und innen gelben Röhrenblüten sind sehr dekorativ. Blütenknospen und offene Blüten haben einen dezenten nussartigen Geschmack und eignen sich für Butterbrote, Salate und als Dekoration. Die Blütenknospen können als Kapernersatz eingelegt werden. Die Blüten eignen sich auch zum Einzuckern. Bei gefüllten Züchtungen nur einzelne Blütenblätter über den Salat streuen.

Gewürztagetes

Tagetes tenuifolia
Asteraceae

Die reichblühenden Gewürztagetes ziehen im Garten Nützlinge an und riechen nicht so unangenehm wie andere Tagetesarten. Sie unterscheiden sich auch vom Estragontagetes (Tagetes lucida).

Kultur Einjähriger Sommerflor, zum Beispiel die orangeblühende Sorte 'Orange Gem' oder die gelbblühende Sorte 'Lemon Gem'. Die Gewürztagetes können auch auf dem Balkon in einem Topf kultiviert werden.

Blütezeit Juli bis Oktober

Gewürztagetes

Verwendung allgemein Duftpflanze, Gewürzpflanze

Blütenschmaus Die Blüten sind herb, frisch und würzig und haben ein leicht fruchtiges Aroma. Sie eignen sich für Salatdressings, Kräuterquark, Gemüse und Kräuteressige. Frisch und getrocknet für Teemischungen, zudem für Süßspeisen und Fruchtpunsch sowie heiße Dessertsaucen auf Basis von Wein. Die gelben bis orangen Blüten sind eine hübsche Dekoration für Buffets, Salate und Suppen.

Glockenblume

Glockenblume

Campanula sp.
Campanulaceae

Es gibt viele verschiedene Glockenblumenarten und -sorten, die alle essbar sind. Sie haben meist blaue, manchmal auch weiße, selten rosafarbene Blüten.

Kultur Die Glockenblume ist eine mehrjährige Staude, wobei einige nur zweijährig sind. Es gibt Arten für den Steingarten, für Beete, für den Gehölzrand und solche, die in Wiesen wachsen.

Blütezeit je nach Art verschieden, meist langblühend

Verwendung allgemein Bei der Rapunzelglockenblume (Campanula rapunculus) sind auch die Blattrosetten und die Wurzeln essbar und wurden früher dazu kultiviert.

Besonderes Verwandte der Glockenblume sind die Ballonblumen (Platycodon), die zum Füllen interessant sind und einen angenehmen Biss haben. Tierisch gut – im wahrsten Sinne des Wortes – riechen die Tigerglocken (Codonopsis clematidea), die ebenfalls verwandt sind mit den Glockenblumen und auch sehr hübsch aussehen.

Blütenschmaus Die glockenförmigen blauen Blüten mit ihrem neutralen Geschmack sind sehr dekorativ und können je nach Blütengröße auch gefüllt werden. Ein schöner Anblick sind mit Walderdbeeren gefüllte Blüten.

Goldmelisse, Indianernessel

Monarda didyma
Lamiaceae

Unter den Lippenblütlern gibt es zahlreiche Arten mit hübschen Blüten, welche oft auch fein riechen. Die Goldmelisse ist bei den Indianern Nordamerikas eine traditionelle Teepflanze.

Kultur Staude, die im Garten gerne wandert, oft etwas mehltauanfällig.

Blütezeit Juli bis September

Verwendung allgemein Teepflanze

Besonderes Aus frisch gepflückten Blüten den süßen Nektar saugen.

Blütenschmaus Die leuchtend roten Blüten sind sehr dekorativ und schmecken süß. Sie eignen sich für Tee, Sirup und als Dekoration.

Goldmelisse

Holunder, schwarzer

Sambucus nigra
Caprifoliaceae

Kultur weit verbreiteter einheimischer Strauch

Blütezeit Juni bis Juli

Verwendung Früchte für Sirup, Gelee, Chutney, Eiscreme, Kompott

Verwendung allgemein alte Heilpflanze, Blütentee bei Erkältung

Blütenschmaus Die sternähnlichen Blüten haben einen betörenden Duft. Meist werden die Dolden verwendet, etwa für Sirup und zum Frittieren. Die Blüten sind oft von Läusen befallen – also darauf achten, dass kein Ungeziefer in den Dolden ist!

Ingwer

Zingiber officinale
Zingiberaceae

Der Ingwer ist eine alte Nutzpflanze. Im Frühling genügt es, eine Knolle in einen Topf mit Erde zu stecken und zu gießen, und schon beginnt die Pflanze zu treiben.

Kultur Nicht frosthart, kann als Kübelpflanze kultiviert werden. Braucht Hitze und hohe Luftfeuchtigkeit. Die krautige Staude blüht nicht immer!

Blütezeit gelegentlich im Sommer

Verwendung allgemein Zum Würzen wird das frische Rhizom (Wurzel) verwendet, das geschält und gerieben wird. Ein daraus hergestellter Tee wärmt; auch Sirup ist möglich.

Besonderes schilfartige Blätter

Blütenschmaus Für asiatische Gerichte. Als Dekoration. Die Blüten haben einen weniger intensiven Ingwergeschmack als die Wurzel.

Jasmin, echter oder arabischer

Jasminum officinale und J. sambac
Oleaceae

In milden Gegenden wird der Echte Jasmin als sommergrüner Kletterstrauch am Spalier hochgezogen; er kann bis 10 m hoch werden. Jasminum sambac und J. odoratissimum eignen sich als Topfpflanzen.

Kultur Die verschiedenen Jasminarten sind bei uns nicht winterhart, werden aber als Topfpflanzen angeboten und können frostfrei kultiviert werden.

Blütezeit Juni bis September

Verwendung allgemein Parfum, Aromatherapie

Blütenschmaus Hübsche weiße Blüte, mit betörendem süßlichem Duft; zur Dekoration von Desserts.

Jasmin

Kamelie

Kapuzinerkresse

Kamelie

Camellia japonica
Theaceae

Kultur Immergrüner Strauch, bedingt winterhart. Als Kübelpflanze halten und frostfrei überwintern.

Blütezeit Februar bis April

Verwendung allgemein Schmuckpflanze

Besonderes Camellia sasanqua hat duftende Blüten, ist aber empfindlich.

Blütenschmaus Knackige, fleischige Blüten, jedoch wenig Geschmack. Die Kamelie blüht im frühen Frühling, wenn Blüten noch Mangelware sind. Farben je nach Sorte von Weiß und Rosa bis Tiefrot oder mehrfarbig, Blüten einfach oder halbgefüllt, anemonenblütig, päonienförmig, rosenförmig bis vollständig gefüllt. Ideal zum Frittieren.

Kapuzinerkresse

Tropaeolum majus, T. minus, T. tuberosum
Tropaeolaceae

Die Kapuzinerkresse ist bei uns seit dem 16. Jahrundert heimisch.

Kultur Einjährige, leicht wuchernde Gartenblume. Kann in Kistchen und Kübeln auf dem Balkon kultiviert werden.

Blütezeit Juni bis Oktober (bis zum ersten Frost)

Verwendung allgemein Beliebte Gartenblume. Auch die Blätter sind essbar.

Besonderes Fördert die Gesundheit von Obstbäumen, wenn sie in der Baumscheibe gepflanzt werden. Hoher Vitamin-C-Gehalt!

Blütenschmaus Große Blüten in Gelb, Orange, Dunkelrot. Kresseartiger Geschmack, leicht scharf. Zum Füllen, als Dekoration für Salate und Vorspeisen. Die Blütenknospen und die jungen Samen können als Kapernersatz in Essig eingelegt werden.

Klettertrompete

Klettertrompete, Trompetenschall

Campsis radicans
Bignoniaceae

Vor allem im Süden ist die Trompetenblume bekannt, obwohl sie auch bei uns gedeiht. Sie bezaubert mit ihren Blüten in warmen Farbtönen von Rot, Orange und Gelb.

Kultur Üppig wachsende Kletterpflanze (bis 10 m), etwas wärmebedürftig. Für sonnige Standorte. Jährlicher Rückschnitt wie bei Weinreben ist ratsam. Je nach Sorte verschiedene Blütenfarben.

Blütezeit Juli bis September

Verwendung Kletterpflanze für Südfassaden und Pergolas

Besonderes Nach dem Pflanzen kann es mehrere Jahre dauern, bis die Klettertrompete blüht.

Blütenschmaus Gelbe, orange bis scharlachrote, glockige bis trichterförmige Blüten, 5 bis 6 cm groß. Schmecken nach Champignons, entsprechend fleischig ist der Biss. Für süße und pikante Speisen. Ideal zum Füllen.

Kohlarten, diverse

Brassica oleracea
Cruciferae

In der Regel werden Kohlarten wie Kohlrabi, Blumenkohl, Wirz/Wirsing usw. gegessen, bevor sie blühen. Winterharte Arten wie Rosenkohl oder Federkohl blühen im darauffolgenden Frühling zeitig. Blumenkohl, Brokkoli und Cima di Rapa blühen noch im Pflanzjahr, wenn man sie nicht vorher erntet. Die anderen Kohlarten müssen in einem Naturkeller überwintern und werden im Frühling ins Freie gepflanzt.

Kultur Kohlarten wie üblich pflanzen, jedoch nur begrenzt ernten und dafür blühen lassen.

Blütezeit Nach dem Überwintern im Frühling von April bis Mai. Blumenkohl und Brokkoli, nachdem sich die Knospen gebildet haben.

Verwendung als Gemüse Es werden unterschiedliche Teile geerntet. Bei Blumenkohl und Brokkoli sind es die Blütenknospen, beim Kohlrabi die zu einer Knolle verdickte Stängelbasis, bei den Kopfkohlarten die Blätter.

Blütenschmaus Gelbe kreuzförmige Blüten. Vor der Blüte können die knospigen Triebe ebenfalls geerntet und als Gemüse roh oder gedünstet gegessen werden. Die Blüten haben nur einen leichten Kohlgeschmack.

Kohlarten

Kornblume

Centaurea cyanus
Astraceae

Es gibt vom ursprünglichen Ackerunkraut Gartenformen.

Kultur Einjährige Sommerblume. Muss gestützt und aufgebunden werden.

Blütezeit Juni bis September

Verwendung allgemein Schnittblume, in Tees

Besonderes Neben der typischen blauen Kornblume gibt es auch Sorten in Rosa, Weiß und Purpurrot. Getrocknet werden sie am besten sehr rasch unter Glas an der Sonne, möglichst unter Luftausschluss, so behalten sie ihre bezaubernde Farbe am ehesten.

Blütenschmaus Vor allem das leuchtende Blau der Blüten verführt zum Dekorieren von Speisen. Der Geschmack ist nicht überwältigend.

Kornblume

Kürbisgewächse

Cucurbita pepo, C. maxima, C. moschata
Cucurbitaceae

In Italien und Frankreich sind die Kürbisgewächsblüten schon lange eine kulinarische Köstlichkeit. Zucchini sind nicht rankend und brauchen entsprechend wenig Platz im Garten. Bei den Kürbissen gibt es rankende und nicht rankende Arten und Sorten. Ein rankender Kürbis kann auch an einem Rankgerüst hochklettern.

Kultur einjährig

Blütezeit Juni bis September

Verwendung als Gemüse Zucchini und Rondini werden frisch verwendet (nicht zu groß werden lassen!). Kürbisse können je nach Sorte im Winter unterschiedlich lange gelagert werden.

Besonderes Achtung! Zierkürbisse sind giftig. Man sollte auch die Blüten nicht verwenden.

Blütenschmaus Die Größe der Blüten ist beeindruckend, ebenso die Verwendungsmöglichkeiten. Es gibt weibliche und männliche Blüten, beide können verwendet werden. Kürbis- und Zucchiniblüten werden für Risotti, für Pasta, für Füllungen und zum Füllen und Backen im Teig verwendet. Das Innenleben (Stempel und Staubgefäße) wird entfernt.

Kürbis

Laucharten

Allium sp.
Alliaceae

Bei den Laucharten gibt es einerseits Nutzpflanzen wie Lauch, Zwiebel, Schnittlauch und Winterheckenzwiebel oder Schnittknoblauch, anderseits Zierlaucharten.

Kultur Lauch wird überwintert und blüht im Folgejahr weiß. Die Zwiebeln werden im Frühling wieder gepflanzt und beginnen danach ebenfalls zu blühen. Winterheckenzwiebeln und Schnittlauch sind mehrjährig und blühen regelmäßig wieder, wie die verschiedenen Zierlaucharten.

Blütezeit Lauch und Zwiebeln ab Juli, Winterheckenzwiebeln und Schnittlauch bereits früher. Bei den Zierlaucharten ist der Blühtermin je nach Art unterschiedlich, vom zeitigen Frühling bis im Spätsommer.

Verwendung allgemein Lauch und Zwiebel als Gemüse, Schnittlauch und Winterheckenzwiebel als Gewürz, Zierlauch als Schnittblume und Gartenstaude. Samen für Sprossen keimen lassen.

Besonderes Es blühen nicht alle Allium-Arten. Knoblauch und Etagenzwiebeln bilden gleich Brutzwiebelchen aus. Einige Zierlaucharten schmecken exzellent, andere hingegen gar nicht – versuchen!

Blütenschmaus Gemüselauch wie auch Zwiebeln blühen weiß, Schnittlauch violett bis weiß, Winterheckenzwiebeln weiß. Bei den Zierlaucharten sind die Blüten je nach Art und Sorte weiß, gelblich, rosafarben, lila bis dunkelviolett oder reinblau. Der Geschmack ist teils zwiebelartig scharf, teils sehr mild. Beim Zierlauch gibt es Arten, die nicht gut schmecken – probieren! In feuchten Jahren keimen die Samen noch auf der Blütenkugel. Auch so sind sie essbar. Jüngere Blüten schmecken besser.

Schnittlauch

Lavendel

Lavandula angustifolia und alle anderen Arten
Lamiaceae

Der Lavendel ist eine typisch mediterrane Pflanze. Der verholzende immergrüne Kleinstrauch wird vor allem zur Gewinnung ätherischer Öle und Essenzen verwendet. Nebst dem Echten Lavendel (Lavandula angustifolia) gibt es andere Arten, die jedoch beschränkt winterhart sind.

Kultur Der Lavendel braucht einen durchlässigen Boden und einen trockenen, sonnigen Standort. Im ersten Jahr nach dem Auspflanzen ein- bis zweimal zurückschneiden. Im Frühling jährlich zurückschneiden. So erhält er einen guten Wuchs und fällt nicht auseinander. Gewöhnliche Sorten werden ca. 70 cm hoch, es gibt auch kleinwüchsige Sorten, die für den Balkon etwas besser geeignet sind.

Blütezeit Juli und August

Verwendung allgemein Als Heilpflanze hat der Lavendel eine beruhigende Wirkung. Getrocknete Blüten in Stoffsäckchen einfüllen und als Mottenschutz und Parfum im Kleiderschrank aufhängen. Lavendelöl wird in der Kosmetik zum Parfümieren von Seifen, Pudern, Cremes und Eau de Cologne eingesetzt.

Blütenschmaus Die Blüten sind je nach Sorte unterschiedlich blau oder rosa bis weiß. Frische Blütenstände beim Aufbrechen der Blüten und Knospen als Dekoration und zum Würzen von Salaten und Gerichten verwenden. Aus den Blüten Essig herstellen. Sie können auch eingezuckert werden.

Lavendel

Löwenmäulchen

Antirrhinum majus
Scrophulariaceae

Das Löwenmäulchen ist ein beliebter, pflegeleichter Sommerflor.

Kultur Einjähriger Sommerflor, liebt eine sonnige Lage. Überdauert milde Winter.

Blütezeit Juni bis Oktober

Verwendung Schnittblume

Besonderes Wenn man die Blüte am Ansatz mit Daumen und Zeigefinger zusammendrückt, öffnet sich der Löwenrachen.

Blütenschmaus Die Blütenfarben reichen von Weiß über Gelb bis Orange, Rosa, Rot, Dunkelrot. Die Blüte ist sehr dekorativ. Offenes Löwenmaul mit Käsestückchen oder Gemüsestäbchen füllen. Die Blüten sind geschmacklich neutral. Die grünen Kelchblätter sollte man entfernen.

Mädesüß

Filipendula ulmaria
Rosaceae

Mädesüß ist eine häufig anzutreffende Pflanze, die eher feuchte Standorte an Bächen oder in feuchten Wiesen bevorzugt.

Blütezeit Juni bis August

Verwendung allgemein Heilpflanze. Mädesüß enthält Salicylsäure und kann in Form von Tee als pflanzliches Aspirin gegen Kopfschmerzen helfen.

Besonderes Dem Mädesüß sagt man verjüngende Eigenschaften nach, beim Wein wie beim Menschen.

Blütenschmaus Die stark riechenden Blüten schmecken süßlich und sind dekorativ. Mädesüß eignet sich für die Herstellung von Sirup und Tee oder in Weißwein eingelegt unter Zugabe von Honig für einen Aperitif.

Malve / Stockrose

Malva alcea
Malvaceae

Die Malve ist eine typische Bauerngartenpflanze. Man kann auch die Blüten anderer Malvenarten essen.

Kultur Zweijährig, wird bis 200 cm hoch. Die Pflanze wird häufig von Rost befallen.

Blütezeit Juli bis September

Verwendung allgemein Die Blüten der fast schwarzen Stockrosen wurden früher zum Färben von Wein verwendet. Die jungen, noch grünen Früchte haben einen nussartigen Geschmack und sind essbar.

Blütenschmaus Weiße, rosa, gelbe, rote, dunkelrote Blüten. Die Blüten sind knackig und haben einen dezenten Geschmack. Ideal zum Füllen.

Mohn, Klatsch-

Papaver rhoeas
Papaveraceae

Von den Mohnarten ist vor allem der einjährige Klatschmohn, ein Ackerbegleitkraut, für die Blütenküche empfehlenswert. Man kann auch die Blütenpetalen (nur!) des Schlafmohns (Papaver somniferum) verwenden, der aber meist nicht so farbenprächtig ist.

Kultur Einjährig, es gibt zahlreiche Gartensorten.

Blütezeit Mai bis Juli

Verwendung allgemein Getrocknete Blütenblätter für Teemischungen. Auch die Samen können in der Küche verwendet werden. Zur Gewinnung von Mohnöl und für Gebäck werden seit alters her die Samen des Schlafmohns (Papaver somniferum) verwendet.

Blütenschmaus Nebst den leuchtenden mohnroten Blüten gibt es Sorten in pastelligen Farben, von Weiß, Gräulich, Rosa bis Pflaumenviolett.

Klatschmohn

Nachtkerze

Oenothera biennis
Onagraceae

Die Pflanze stammt aus Nordamerika und kam im 17. Jahrhundert nach Europa. Heute ist sie verwildert und ein aggressiver Neophyt. Die Pflanze nicht im Garten anbauen, sondern als Wildpflanze sammeln.

Kultur Wildgemüse

Blütezeit Juli bis September

Verwendung allgemein Gekochte Wurzeln in Scheiben schneiden und für Salate und als Wurzelgemüse verwenden.

Besonderes Das aus den Samen gewonnene Öl hat eine therapeutische Wirkung.

Blütenschmaus Große attraktive (hell-)gelbe bis orange Blüten, die geschmacksneutral sind. Die Blüten können gefüllt werden, Schräg geschnittene Knospen sind eine attraktive Garnitur für Suppen und Salate.

Nelke

Dianthus sp.
Caryophyllaceae

Die Nelke war früher eine der beliebtesten Blumen. Leider ist sie etwas in Vergessenheit geraten. Dabei gibt es eine große Anzahl schöner Arten, einerseits niedrigwachsende mit kleineren Blüten, anderseits Gartennelken mit ziemlich großen Blüten und Bartnelken, eine alte Bauerngartenpflanze. Viele Nelken duften!

Kultur Bartnelken sind zweijährig, die meisten Nelken jedoch mehrjährig (Staude).

Blütezeit Bartnelken blühen im Juni, die anderen Nelken je nach Art Juni bis Oktober.

Verwendung allgemein Schnittblume, Gartenblume, Polsterpflanze

Besonderes Es gibt auch Nelken für den Balkon.

Blütenschmaus Blütenfarbe Weiß, zartrosa, Pink, Lachsfarben, leuchtend Rot bis Dunkelrot und gemischt. Es gibt einfache, gefranste und gefüllte Blüten, je nach Art leicht bis stark duftend. Die Nelken eignen sich zum Einzuckern. Die Bartnelke 'Scooty' ist schwarz, sie riecht nach Schokolade und Nelke und eignet sich für Kuchen und Obstsalat. Die Lichtnelke (Silene flos-jovis oder S. coronaria) hat ein dezentes Mandelaroma.

Ringelblume

Calendula officinalis
Asteraceae

Die Ringelblume ist eine traditionelle Bauerngartenpflanze. Sie blüht unermüdlich und versamt im Garten meist selber. Es gibt verschiedene Sorten in unterschiedlichen Farbnuancen, von cremefarbig bis leuchtend gelb und orange, auch mit dunkleren Augen, es gibt gefüllte und einfache Blüten.

Kultur einjährig, pflegeleicht

Blütezeit Juni bis Oktober

Verwendung allgemein Heilpflanze. Die Blüten werden für Cremes und Salben verwendet. Früher färbte man damit auch Speisen (Arme-Leute-Safran).

Besonderes Ringelblumenblüten wurden früher manchmal als Safran verkauft.

Blütenschmaus Für Reis-, Fisch- und Milchspeisen sowie Gemüsesuppen. Mit den Blütenblättern werden Salate, Quarkspeisen und vieles mehr garniert.

Rose

Rosa sp., v.a. Rosa damascena
Rosaceae

Für die Küche sind stark duftende Rosen wie die Damaszenerrose interessant. Diese wird auch gewerbsmäßig angebaut, etwa in Bulgarien zur Gewinnung von Rosenessenz, Rosenöl und Rosenwasser. Empfehlenswert sind auch die Kartoffelrose (Rosa rugosa), die Moschusrose (Rosa moschata), die Essigrose (Rosa gallica) und die Hundertblättrige Rose (Rosa centifolia). Es gibt aber auch unter den anderen Rosengruppen Duftrosen!

Kultur Strauchrose, mehrjährig. Nur ab und zu das alte Holz etwas auslichten.

Blütezeit Juni bis Oktober

Verwendung allgemein Aromatherapie, Parfums. Aus den Früchten wird das Hagebuttenmark gewonnen, das sich für Konfitüren eignet.

Besonderes Auch das Rosenholz kann verwendet werden.

Blütenschmaus Die Blüten der Damaszenerrose sind rosafarben, verwendet werden können auch duftende Blüten von anderen Rosen, die ein breiteres Farbspektrum haben, von Weiß, Gelb, Apricot bis Rot und Pflaumenrot. Eine Bowle mit Rosensirup, garniert mit Rosenblüten, lässt die Herzen höher schlagen. Eingezuckerte Rosenblüten und Rosengelee sind zwei weitere Verwendungsmöglichkeiten. Weißen Blütenansatz entfernen, er ist bitter.

Rucola, Rauke

Eruca sativa und Diplotaxis tenuifolia
Brassicaceae

Der Rucola ist ein Kraut, das früher vor allem in Italien kultiviert und gegessen wurde, mittlerweile ist es auch bei uns sehr beliebt. Im eigenen Garten kann man den mehrjährigen Rucola kultivieren und muss dann nicht jährlich neu aussäen.

Kultur ein- oder mehrjährig, je nach Art

Blütezeit Mai bis Juni. Der einjährige Rucola blüht weiß, der mehrjährige gelb.

Verwendung allgemein Kräftig-aromatischer Salat, leicht bitter, spezieller Geschmack.

Blütenschmaus Hübsche cremeweiße kreuzförmige Blüten für Salate und als Garnitur.

Salbeiarten

Salvia sp.
Lamiaceae

Der Salbei ist ein Lippenblütler, eine angenehme Pflanzen-Familie mit vielen Küchenkräutern. Vor Giftpflanzen muss man keine Angst haben. Es gibt eine riesige Vielfalt einheimischer und exotischer Salbeiarten, solche, die im Garten kultiviert werden, und solche, die nicht winterhart sind und in Kübeln gepflanzt werden müssen. Einige der nicht winterharten Salbeiarten haben aromatische Blätter und duftende Blüten, so der Ananas- oder der Cassissalbei.

Kultur Je nach Art mehrjährig, einjährig oder als Kübelpflanze, die frostfrei überwintert werden muss.

Blütezeit Exotische Salbeiarten blühen oft erst im Herbst, das Küchenkraut im Vorsommer.

Verwendung allgemein Von Salvia officinalis, dem Küchenkraut, wird das silbrige Blatt für vielerlei Gerichte verwendet und als Heilkraut (Salbeipastillen) gegen Heiserkeit und Husten.

Blütenschmaus Freiland

- Muskatellersalbei (Salvia sclarea): zweijährig, betörender Muskatellerduft, zum Beispiel geeignet zum Aromatisieren von Weißwein.
- Pfeffersalbei (Salvia uliginosa): bezaubernde hellblaue Blüten, sensationeller Pfeffergeschmack (im Garten Winterabdeckung notwendig).

Blütenschmaus Kübelpflanzen

- Ananassalbei (Salvia rutilans): rote Blüten, die nach Ananas duften. Die Blätter sind für Tee verwendbar. Der Typ mit kurzen breiten Blättern blüht um Wochen früher.
- Andensalbei (Salvia discolor): umwerfend dunkelblaue Blüte mit weißen Blütenkelchen und dem Duft schwarzer Johannisbeeren.

Schlüsselblume, echte

Primula veris
Primulaceae

Die Frühlings- oder Wiesenschlüsselblume wächst auf sonnigen Wiesen, in lichtem Gebüsch, meist an sonnigen Hängen. Wildpflanze zum Sammeln.

Kultur Als Staude im Naturgarten, in Wiesen oder in lichtem Gebüsch

Blütezeit März bis Mai

Verwendung allgemein Heilpflanze, Tee, Wein

Blütenschmaus Die Wiesenschlüsselblume ist ein Frühblüher, die Blüte ist von zartem Gelb und duftet angenehm.

Schlüsselblume

Sommeraster

Callistephus chinensis
Asteraceae

Die Sommerblume gibt es in den verschiedensten Formen und Farben.

Kultur einjährig, zahlreiche Sorten

Blütezeit Juli bis Oktober

Verwendung allgemein Schnittblume, Sommerflor

Blütenschmaus Blütenfarben von Violett, Blau bis Gelb, Rosa, Rot, Weiß. Gefüllte oder einfache Blüten, pompon- und strahlenförmig.

Sommeraster

Sommerflieder

Buddleja davidii
Buddlejaceae

Der Sommerflieder ist ein Gartenflüchtling und breitet sich immer mehr ungehemmt aus entlang von Bahngeleisen, an Autobahnböschungen und Schuttplätzen.

Kultur Strauch, hell- und dunkelviolette oder weiße Blütenrispen

Blütezeit Juli bis Oktober

Besonderes Aggressiver Neophyt! Im Garten nicht mehr pflanzen, obwohl er als Blütenpflanze von Schmetterlingen besucht wird. Es gibt genügend Sammelstandorte.

Blütenschmaus für Dekorationen

Sonnenblume

Helianthus annuus
Asteraceae

Wer kennt sie nicht, die Blüten der Sonnenblume, die sich der Sonne zuwenden? Dass sie essbar sind, wissen die meisten jedoch nicht.

Kultur einjährig, leicht zu kultivieren, auch von Kindern

Blütezeit Juli bis Oktober

Verwendung allgemein Sonnenblumenöl, Sonnenblumenkerne

Besonderes Knospen kurz vor dem Öffnen pflücken, in Butter dünsten und mit Zitronensaft und Pfeffer abschmecken. Diese Zubereitung war schon im 16. Jahrhundert eine Delikatesse und galt als Aphrodisiakum.

Blütenschmaus Am besten verwendet man die jungen Achselknospen; Zubereitung siehe oben. Die äußeren manchmal leicht bitteren Blütenblätter, von zitronengelb bis kupferbraun (je nach Sorte), zum Dekorieren verwenden.

Sonnenblume

Stiefmütterchen

Taglilie

Stiefmütterchen

Viola tricolor oder Viola x wittrockiana
Violaceae

Die Stiefmütterchen sind Veilchengewächse, von denen alle essbar sind und einige sogar betörend riechen. Neben den wilden Stiefmütterchen (Viola tricolor) gibt es auch die großblumigen Garten-Hybriden (Viola x wittrockiana und Viola cornuta), welche ebenfalls essbar sind und sehr gut riechen. Es gibt sie in den verschiedensten Farben.

Kultur zweijährig, Pflanzung Oktober / November oder März

Blütezeit März bis Juli

Blütenschmaus Für Salate und als Dekoration. Wilde Stiefmütterchen haben kleine gelb-violett-weiße Blüten. Gartenstiefmütterchen können weiß, gelb, orange, rot, blau, braun oder violett sein. Sehr angenehmer Duft.

Taglilie

Hemerocallis sp.
Hemerocallidaceae

Von den Taglilien gibt es mittlerweile eine große Palette verschiedener Wildarten, vor allem aber Hybriden in den Farbtönen Cremeweiß, Gelb, Rosa, Rot, Braun und mehrfarbig.

Kultur Langlebige Staude für sonnige Standorte. Die Bahnwärtertaglilie macht Ausläufer.

Blütezeit Je nach Art von Mai (H. middendorffii) bis August/September. Also mehrere Arten und Sorten pflanzen!

Besonderes Die Blüten blühen nur einen Tag, öffnen sich jedoch nacheinander, so dass die Blütezeit mehrere Wochen dauert.

Blütenschmaus Die vitaminreichen Blüten überzeugen sowohl geschmacklich als auch bezüglich Farbe und Form. Orange Blüten haben einen eher pfefferigen Geschmack, weiße und dunkelrosafarbene Sorten sind eher süßlich, Hemerocallis citrina hat eine fruchtige Note. Probieren lohnt sich also! In der asiatischen Küche werden die Blüten roh, gekocht, getrocknet und gefroren (zuerst blanchieren) verwendet. Auch die jungen Blatttriebe und die fleischigen Blütenknospen werden geerntet. Die Blüten eignen sich für Suppen, Reis und Geflügelgerichte.

Topinambur

Helianthus tuberosus
Asteraceae

Die Topinambur hat viele Namen und wird auch Jerusalemartischocke genannt.

Kultur Im Garten kontrolliert in eine Ecke pflanzen, weil die Vermehrung über die Knolle geschieht und die Pflanze kaum mehr entfernt werden kann! Die Staude wird bis 3 Meter hoch.

Blütezeit ab September und eher spärlich

Verwendung allgemein Die Knollen munden roh und gekocht. Sie sind ähnlich zu verwenden wie die Kartoffel. Auch für Diabetiker geeignet. Die Knolle ist in der Erde frosthart.

Besonderes Aggressiver Neophyt, der sich ausbreitet.

Blütenschmaus Schöne gelbe Blüten, die jedoch nicht riechen. Für Dekorationen.

Veilchen, wohlriechendes

Viola odorata
Violaceae

Von den bescheidenen Veilchen, die im Garten in der Nähe von Sträuchern wachsen, kann man nie genug haben.

Kultur Das Veilchen bevorzugt Halbschatten. Gut gedeihen die folgenden Garten-Sorten: 'Alba' blüht weiß, 'Sulphurea' gelb und 'Königin Charlotte' blau.

Blütezeit März bis April

Verwendung allgemein Parfums

Besonderes Es gibt Veilchenarten, die nicht duften. Toulouse ist die Veilchenstadt in Frankreich.

Blütenschmaus Das Duftveilchen hat stark duftende Blüten, meist sind sie blauviolett, können aber je nach Sorte auch weiß oder purpurrot sein. Die Blüten eignen sich zum Einzuckern, für Essig, Sirup, für Salate, Eiswürfel und als Dekoration.

Verveine, Zitronenstrauch

Aloysia triphylla
Verbenaceae

Der verholzende Kleinstrauch hat stark duftende Blätter. Wo immer Verveine verwendet wird, handelt es sich um Zitronenverbene und nicht um Eisenkraut.

Kultur nicht winterharte Pflanze, für Kübel oder Wintergarten

Blütezeit Juli bis September

Verwendung allgemein Die Blätter ergeben einen erfrischenden Tee. Frische Blätter eignen sich zum Würzen von Öl und Essig.

Blütenschmaus Die Blüten sind winzig klein und riechen nach Zitrone. Sie eignen sich für Desserts und sind immer dann gefragt, wenn Zitronengeschmack erwünscht ist.

Waldmeister

Galium odoratum
Rubiaceae

Gäbe es die Maibowle mit Waldmeister nicht, müsste man sie erfinden. Aber Achtung: Zu viel sollte man nicht davon trinken! Erstmals wurde der Maiwein bereits 854 von einem Benediktinermönch erwähnt. Damals wurde er im Kloster als medizinisches Getränk zur Stärkung von Herz und Leber ausgeschenkt.

Kultur Die Staude macht Ausläufer. Sie kommt meist teppichartig in schattigen Laub-, vor allem in Buchenwäldern vor. Der Waldmeister erträgt keine volle Sonne, er liebt leicht feuchten Boden und gedeiht vor allem unter Bäumen und Sträuchern.

Blütezeit April bis Mai / Juni

Verwendung allgemein Die getrocknete Pflanze eignet sich für Duftschalen und zum Füllen von Duftkissen. Früher wurde die wohlriechende Pflanze auch zum Füllen von Matratzen verwendet.

Im Kleiderschrank vertreibt der Waldmeister mit seinem Duft die Motten (Blätter und Blüten verwenden).

Besonderes Die Pflanze entwickelt ihren angenehmen Vanillegeruch erst richtig beim Welken. Im welken und trockenen Zustand setzt die Pflanze Cumarin frei, das für den charakteristischen Waldmeistergeruch verantwortlich ist. Der Gehalt liegt bei 1% in der Trockenmasse. Cumarin kann Kopfschmerzen verursachen.

Blütenschmaus Die hübschen weißen Blütentrauben haben einen betörenden Duft. Sie eignen sich für Maibowlen, Likör, Pudding, Eis, Tee oder zum Marinieren von Erdbeeren. Für eine Bowle sollten nicht mehr als 3 angetrocknete Blütentriebe je Liter Flüssigkeit verwendet werden. Der Waldmeister ist in größeren Mengen leicht giftig.

Waldmeister

Ysop

Hyssopus officinalis
Lamiaceae

Der Ysop ist ein Küchenkraut aus dem Süden, das bei uns leider noch nicht sehr verbreitet ist.

Kultur winterharter Halbstrauch

Blütezeit Juli und August

Verwendung allgemein Blätter als Küchenkraut

Besonderes Das ätherische Öl wirkt gegen Erkältungen und Heuschnupfen.

Blütenschmaus Der Ysop hat dunkelblaue Blüten, es gibt auch rosa und weiß blühenden. Für Salate, Quarkspeisen, zum Einzuckern, für Garnituren.

Ysop

Yucca

Zitrone

Yucca, Palmlilie

Yucca filamentosa
Agavaceae

Immergrünes stammloses Holzgewächs mit in Rosetten stehenden graugrünen schwertförmigen Blättern mit oft stechender Spitze.

Kultur winterharte Pflanze für den Garten

Blütezeit Juli und August

Verwendung Solitärpflanze im Garten

Besonderes Die Indianer essen die Blüten von alters her.

Blütenschmaus Große gelblichweiße knackige Blüten, die roh und gekocht und gefüllt schmecken, ideal zum Einzuckern.

Zitronenblüte

Citrus limon und Citrus sp.
Rutaceae

Kennst du das Land, wo die Zitronen blühen? Das kann mittlerweile auch zu Hause sein! Es gibt eine große Anzahl verschiedener Citrus-Arten und Citrus-Sorten. Besonders geeignet als Kübelpflanze sind die Zitronen, von denen man regelmäßig ernten kann.

Kultur Kübelpflanze, die frostfrei und mit genügend Licht überwintert werden muss. Die Erde sollte sauer sein, gegossen wird mit Regenwasser. Zitronen sind kälteempfindlicher als Orangen, Grapefruits und Mandarinen.

Blütezeit Der Zitronenbaum blüht und trägt gleichzeitig Früchte (im Gegensatz zu anderen Citrus-Arten).

Blütenschmaus Betörende weiße bis cremefarbene Blüte mit starkem Duft. Ideal zum Einzuckern. Ihren Duft kann man auch einfangen, wenn man sie in Alkohol, Öl oder Essig einlegt.

Küchen- und Teekräuter aus der Familie der Lippenblütler

Lamiaceae

Im Küchengarten ziehen wir Kräuter, deren Blätter wir nutzen. Von all diesen Pflanzen, die zur Familie der Lippenblütler (Lamiaceae) gehören, sind auch die Blüten essbar, so von Rosmarin, Basilikum, Thymian, Majoran, Oregano, Minze, Ysop, Bohnenkraut, Salbei.

Kultur Meist mehrjährige Kräuter, mit Ausnahme von Basilikum und Majoran.

Blütezeit Sommer

Verwendung allgemein vor allem als Gewürz

Besonderes Viele Gewürzkräuter sind Bienenweidepflanzen.

Blütenschmaus Die aromatischen Blüten sind meist sehr klein. Man kann auch Blütentriebe verwenden.

Küchen- und Teekräuter aus der Familie der Doldengewächse

Apiaceae

Im Küchengarten haben wir zahlreiche Küchenkräuter aus der Familie der Doldengewächse (Apiaceae). Dazu gehören Petersilie, Dill, Gewürzfenchel, Koriander, Kerbel, Sellerie und Liebstöckel (Maggikraut) sowie Süßdolde.

Kultur oft ein- bis zweijährig, Liebstöckel mehrjährig

Blütezeit Vorsommer bis Herbst, je nach Art

Verwendung allgemein vor allem als Gewürz

Besonderes Viele der Kräuter sind zur Blütezeit bei Nützlingen sehr beliebt.

Blütenschmaus Die Blüten der Doldengewächse sind aromatisch und meist sehr klein. Es können auch die Blütendolden verwendet werden. Je nach Art nicht zu viel nehmen, beispielsweise vom Liebstöckel. Selleriedolden sind aromatisch. Beim Koriander können die blühenden Dolden und die noch grünen oder schon ausgereiften Samen verwendet werden. Nur bekannte Arten verwenden, denn es gibt auch Doldengewächse, die stark giftig sind!

Mit Vorsicht zu konsumieren

Geißblatt

Robinie

Geißblatt / Jelängerjelieber (Honeysuckle)

Lonicera caprifolium
Caprifoliaceae

Das Geißblatt ist eine Kletterpflanze, die bis 6 m hoch wird.

Kultur Kletterpflanze

Blütezeit Mai und Juni

Verwendung allgemein Bachblüten-Therapie

Besonderes Das Geißblatt ist leicht giftig!

Blütenschmaus Die gelblichweißen Blüten riechen betörend gut, vor allem am Abend. Nur wenig verwenden, da leicht giftig.

Robinie / Akazie

Robinia pseudoacacia
Fabaceae

Die Robinie hat sich in den letzten Jahren in Europa stark ausgebreitet und gehört zu den aggressiven Neophyten, welche die einheimische Flora verdrängen. Es gibt in Kultur zahlreiche Gartenformen.

Kultur 20 bis 25 Meter hoher Baum

Blütezeit Mai und Juni

Verwendung allgemein Das Holz ist sehr widerstandsfähig und wird für Gartenmöbel, Pfähle und Zäune verwendet. Bienenweidepflanze.

Besonderes Giftpflanze! Borken und Samen sind giftig. Achtung: von Kindern fernhalten! In geringer Menge enthalten auch die Blüten das giftige Piperonal. Die aggressiven Neophyten im Garten nicht mehr pflanzen. Zum Sammeln von Blüten gibt es in der Natur genug verwilderte Bäume.

Blütenschmaus 10 bis 25 Blüten sind zu dichten Blütentrauben gruppiert. Sie sind stark duftend und haben einen bergamottartigen Geruch. Die Blüten enthalten viel Nektar. Nur wenig Blüten verwenden, denn sie sind leicht giftig.

Tulpe

Tulipa gesneriana
Liliaceae

Die Tulpe ist im Garten ein typischer Frühlingsblüher. Nach der Blüte zieht sie ein (das Kraut erst entfernen, wenn es gelb ist!). Zahlreiche Sorten sind geeignet zur Verwilderung im Garten. Es gibt unzählige Sorten in verschiedensten Farben.

Kultur Zwiebeln im Herbst pflanzen, entweder verwildern lassen oder nach der Blüte Zwiebeln ausgraben und trocken übersommern.

Blütezeit je nach Sorte März, April, Mai

Verwendung allgemein Dekorative Gartenblume, für Blumensträuße. In Zeiten von Hungersnöten wurde die Zwiebel gebraten und gegessen.

Blütenschmaus Unmittelbar nach dem Aufblühen einzelne Blütenblätter oder ganze Blütenkelche verwenden (füllen). Stempel und Staubblätter entfernen. Knackige Blütenblätter, erinnern an Radicchio. Lange nicht alle Sorten überzeugen geschmacklich. Blüten kurz nach dem Aufblühen pflücken. Nicht zu viele Blüten konsumieren, in größeren Mengen sind sie leicht giftig!

Tulpe

Rezepte

Vorspeisen

Lauch mit Roquefort, Nüssen und Cosmea

2 junge Lauchstangen

20 Baumnuss-/Walnuss-kernhälften, halbiert

100 g Roquefort

2 EL gehackte glattblättrige Petersilie

2 EL fein geschnittenes Basilikum

Vinaigrette

2 EL Baumnussöl/Walnussöl

2 EL Olivenöl extra vergine

1 EL Rosenblütenessig

2 TL Balsamico

frisch gemahlener Pfeffer

Meersalz

Blüten

Cosmea, Kapuzinerkresse, Borretsch, Lauch oder Rucola

1

Grobfasrige Teile beim Lauch entfernen. Lauchstangen in 1 cm dicke Scheiben schneiden. Im Dampf kurz garen. Mit kaltem Wasser abschrecken. Gut abtropfen lassen.

2

Die Vinaigrette zubereiten.

3

Lauch auf einer Platte oder 4 Tellern anrichten. Nussviertel, zerkleinerten Roquefort und Kräuter darüber verteilen. Mit der Vinaigrette beträufeln. Die Blüten darüberstreuen. 30 Minuten marinieren.

Tipp

Mit Baguette servieren.

Exotischer Kürbis-Zucchini-Salat mit Dahlien und Meerrettich

200 g Zucchini

300 g Kürbis, vorzugsweise Butternut

wenig Meerrettich

5 Ananassalbeiblätter, in Streifchen

1 Dahlie, abgezupfte Blütenblätter

1 Sonnenblume, abgezupfte Blütenblätter

Sauce

1 Zitrone, Saft

2 EL Rahm / Sahne

2 EL Olivenöl extra vergine

2 EL Haselnussöl oder Baumnussöl

Zitronensalz, Seite 65

frisch gemahlener Pfeffer

Garnitur

geröstete Pinienkerne

1

Die Sauce zubereiten.

2

Zucchini beidseitig kappen. Kürbis schälen und entkernen. Zucchini und Kürbis auf einer groben Reibe zur Sauce reiben. Meerrettich schälen und auf einer feinen Reibe dazureiben. Salbeistreifchen und Blütenblätter zugeben, alles mit der Sauce mischen.

3

Salat anrichten. Mit Pinienkernen garnieren.

Ziegenkäse im Zucchini-Speck-Mantel

4 kleine, reife französische Ziegenkäse

1 Zucchino

Olivenöl extra vergine zum Braten

70 g Colonnata-Speck oder anderer fetter Speck, in Scheiben

16 gekochte Kastanien aus dem Glas

Zitronenthymian, Blättchen abgezupft

frisch gemahlener Pfeffer

16 Baumnuss-/ Walnusskernhälften

1–2 EL Kastanienhonig

Haselnussöl

Blüten

Lavendel, Ysop, Rosmarin, Thymian oder Cassissalbei

1

Zucchino beidseitig kappen, auf der Aufschnittmaschine oder auf einem Hobel in feine Längsstreifen schneiden, im Olivenöl kurz dünsten.

2

Speckscheiben längs halbieren, jeweils eine Hälfte auf die Zucchinischeiben legen, mit dem Speck nach innen um den Ziegenkäse legen, auf Tellern anrichten.

3

Kastanien mit den restlichen Speckstreifen umwickeln und in einer Pfanne kurz braten, mit den Zitronenthymianblättchen bestreuen, mit Pfeffer abrunden. Zu den Käslein geben. Nüsse im Kastanienhonig glasieren, als Garnitur verwenden. Einen Teil der Blüten hacken, über die Käslein streuen, mit wenig Haselnussöl beträufeln. Restliche Blüten darüberstreuen.

Tipp

Ohne Zucchini und Speck kann der Käse als Dessert serviert werden.

Bunter Sommersalat

2 Bund Rucola

1 Zucchino

12 Cherrytomaten

2 Robiolo oder Ziegenfrischkäse, zerkleinert

Blüten

Malve, Taglilie, Kapuzinerkresse, Nelke, Ringelblume, Kornblume, Lauch

Vinaigrette

2 EL Rosenblütenessig, Seite 142

2 EL Haselnussöl

2 EL Olivenöl extra vergine

Balsamico

Rosenblütensalz

frisch gemahlener Pfeffer

1

Die Vinaigrette zubereiten.

2

Zucchino beidseitig kappen, ungeschält in Stäbchen schneiden. Bei den Cherrytomaten den Stielansatz ausstechen, Tomaten halbieren.

3

Rucola auf Teller verteilen, Zucchini, Cherrytomaten und Ziegenfrischkäse darauf anrichten, mit der Vinaigrette beträufeln und mit den Blüten garnieren.

Rosenblüten- und Blütensalz

Eine Handvoll Rosenblütenblätter (den weißen Blattansatz entfernen) fein hacken. In ein kleines Glas mit Schraubdeckel geben, mit feinem Meersalz auffüllen, mischen. Für Blütensalz eignen sich beliebige Blüten. Ausprobieren!

Cherrytomaten und Mozzarella mit Lavendel- und Basilikumblüten

12 Cherrytomaten

2 kleine Büffelmozzaralla, in Scheiben

grüner oder roter Basilikum

wenig Fleur de Sel

frisch gemahlener Pfeffer

8- oder 12-jähriger Balsamico

Olivenöl extra vergine

Blüten

Basilikum, Lavendel, diverse Salbei

Cherrytomaten halbieren, mit einem Stück Büffelmozzarella und einem Basilikumblatt auf Zahnstocher stecken. Auf einer Platte anrichten. Mit Fleur de Sel, Pfeffer, Balsamico und Olivenöl würzen. Blüten darüberstreuen.

Thunfischcarpaccio mit Blüten

400 g frisches Thunfischfilet, Sushiqualität

Zitronensalz oder schwarzes Hawaiisalz

Avocadoöl oder Olivenöl extra vergine

frisch gemahlener Pfeffer

Zitronensaft nach Belieben

½ Bund Rucola

Blüten

Goldmelissse, Gewürztagetes, Zierlauch, Kapuzinerkresse

Thunfischfilets in feine Scheiben schneiden und auf 4 Teller verteilen, mit Zitronensalz, Avocadoöl und Pfeffer würzen, eventuell mit wenig Zitronensaft beträufeln. Mit Rucola und Blüten garnieren.

Tipp

Mit gerösteter Knoblauch-Kräuter-Baguette servieren.

Zitronensalz

Meersalz und auf einer feinen Reibe abgeriebene Schale von Bio-Zitronen oder unbehandelten Zitronen fein cuttern.

Karotten im Rohschinken

300 g Karotten
frischer Oregano oder Rosmarin
120 g Rohschinken oder Bündnerfleisch
Basilikumblätter
frisch gemahlener Pfeffer
Balsamico
Haselnussöl

20 Kapuzinerkresseblüten

1

Karotten schälen, in Stäbchen schneiden. In wenig Salzwasser mit Oregano oder Rosmarin knackig garen. Erkalten lassen.

2

Rohschinken auf die Arbeitsfläche legen, ein Basilikumblatt darauflegen, jeweils 2 bis 3 Karottenstäbchen in den Rohschinken einwickeln. Auf eine Platte legen. Mit Pfeffer, Balsamico und Haselnussöl würzen. Mit den Blüten garnieren.

Abbildung

Matjesfilets mit Lauch- und Kapuzinerkresseblüten

8 frische Matjesfilets
1 Zitrone, Saft
4 EL Olivenöl extra vergine
frisch gemahlener Pfeffer
2 EL gehackte Petersilie
1 rote Zwiebel, in feinen Ringen

Blüten

Lauch, Kapuzinerkresse oder Rucola, Kohl, Brokkoli, Zwiebel, Begonie

Pro Person 2 Matjesfilets auf einen Teller legen, mit Zitronensaft und Olivenöl beträufeln, mit einer Umdrehung Pfeffer abschmecken, mit Petersilie und Zwiebeln bestreuen, mit den Blüten garnieren.

Zucchinischaumsuppe mit Zitronenthymianblüten

2 EL Olivenöl extra vergine
1 große Zwiebel
1 Knoblauchzehe
3 gelbe oder grüne Zucchini
1 Zweig Zitronenthymian
5 Safranfäden
1 dl / 100 ml Weißwein
4½ dl / 450 ml Gemüsebrühe
2½ dl / 250 ml Rahm / Sahne
Fleur de Sel
frisch gemahlener Pfeffer
wenig abgeriebene Zitronenschale, nach Belieben
Zitronenthymianblüten

Thymian-Bruschetta

geröstete Baguette- oder Weißbrotscheiben
Olivenöl extra vergine
gehackte Thymianblättchen
wenig Fleur de Sel

Blüten

Rucola, Kohl, fein geschnittene Taglilienknospen, abgezupfte Blütenblätter von Kornblume und Ringelblume

1

Zwiebeln und Knoblauch fein würfeln. Zucchini beidseitig kappen und in Würfelchen schneiden.

2

Zwiebeln, Knoblauch und Zucchini im Olivenöl andünsten, abgezupfte Thymianblättchen und Safranfäden zugeben, mit Weißwein und Gemüsebrühe ablöschen, 5 Minuten köcheln lassen. Pürieren.

3

Zucchinicremesuppe mit dem Rahm aufkochen, kurz köcheln lassen, mit Fleur de Sel, Pfeffer und Zitronenschale würzen. Vor dem Anrichten mit dem Pürierstab nochmals kurz aufschäumen. Mit Zitronenthymian garnieren.

4

Für die Bruschetta geröstetes Brot mit Olivenöl beträufeln, mit Thymian und Fleur de Sel bestreuen.

Frischkäsekugeln im Blütenkleid

350 g Ziegen- oder Kuhmilchfrischkäse

3 EL fein gehackte Kräuter, z. B. Kerbel, Petersilie, Thymian, Rosmarin

frisch gemahlener Pfeffer

Blütenkleid

3–4 Duftrosenblüten oder eine bunte Blütenmischung aus dem Garten

1

Frischkäse und Kräuter mischen, mit Pfeffer abschmecken.

2

Die Rosenblütenblätter abzupfen, den weißen Blattansatz abschneiden, Blütenblätter in Streifchen schneiden.
Oder die anderen Blütenblätter abzupfen und in Streifchen schneiden.

3

Aus der Frischkäsemasse kleine Kugeln formen, in den fein geschnittenen Blüten wenden.

Tipp

Die Frischkäsekugeln auf dunklem Brot oder in Pralinenpapierförmchen servieren. Wunderbar und dekorativ, originell!

Thunfischpaste auf Klettertrompetenblüten

1 Baguette

Thunfischpaste

1 Dose Thunfisch

10 schwarze Oliven, entsteint

½ Bund Basilikum oder glattblättrige Petersilie

4–6 EL Olivenöl extra vergine

1 Spritzer Zitronensaft, evtl. wenig abgeriebene Schale

frisch gemahlener Pfeffer

Blüten

Klettertrompete, Kapuzinerkresse, Lauch

1

Abgetropften Thunfisch, Oliven, abgezupfte Kräuter und Olivenöl nicht zu fein mixen, mit Zitronensaft und Pfeffer abschmecken.

2

Die Baguettescheiben mit Klettertrompetenblüten belegen, Thunfischpaste darauf verteilen. Mit Kapuzinerkresse- oder Lauchblüten garnieren.

Schnittlauchblüten im Ausbackteig

Ausbackteig

2 Eier

1¼ dl / 125 ml helles Bier oder vergorener Apfelsaft

125 g feinstes Dinkelvollkornmehl / -ruchmehl oder 90 g feinstes Dinkelvollkornmehl / -ruchmehl und 35 g feinstes Kichererbsenmehl

Kräuter-Rosenblütensalz

Blüten

Schnittlauch, Beinwell, Funkie, Taglilie, Kamelie

Olivenöl extra vergine zum Ausbacken

1

Eier und Bier verquirlen, Mehl unterrühren, Teig mit dem Kräuter-Rosenblütensalz würzen. 30 Minuten quellen lassen.

2

Blüten im Ausbackteig wenden, im Olivenöl ausbacken.

Tipp

Eine Hand voll Rosenblütenblätter (weißen Blattansatz entfernt) und eine Handvoll Kräuter fein hacken. In ein Glas mit Schraubdeckel geben, mit feinem Meersalz auffüllen, mischen.

Tomaten-Bruschetta

1 Baguette mit Oliven, in Scheiben

4 reife Fleischtomaten

2 EL Olivenöl extra vergine

Rosenblütensalz, Seite 64

frisch gemahlener Pfeffer

Blüten

Begonie, Schnittlauch, Kornblume, Ringelblume, Kapuzinerkresse, Taglilie, Rucola, Bärlauch

1

Tomaten mit dem Sparschäler schälen. Oder Tomaten an der Spitze kreuzweise einschneiden, in einem Schaumlöffel in kochendes Wasser tauchen, bis sich die Haut löst, unter kaltem Wasser abschrecken, schälen. Stielansatz ausstechen. Tomaten vierteln und entkernen, Viertel würfeln.

2

Tomatenwürfelchen und Olivenöl mischen, mit Rosenblütensalz und Pfeffer würzen.

3

Tomatenwürfelchen auf die Baguettescheiben verteilen, mit den Blüten garnieren.

Abbildung

Zucchino-Frischkäse-Bruschetta

1 helle Baguette, in Scheiben

100 g Ziegenfrischkäse

1 Zucchino

Blütensalz, Seite 64

frisch gemahlener Pfeffer

Schnittlauch- oder Bärlauchblüten

Blüten

Taglilie, Kapuzinerkresse, Zierlauch, Lauch, Knoblauch, Zwiebel, Kohl

1

Zucchino beidseitig kappen, auf einer feinen Reibe zum Frischkäse reiben und unterrühren, mit Blütensalz und Pfeffer würzen. Abgezupfte Blütenblätter unterrühren.

2

Frischkäseaufstrich auf den Brotscheiben verstreichen, mit den Blüten garnieren.

Grüne Crostini

1 Baguette, in Scheiben

1 reife Avocado

100 g Frischkäse aus Ziegen- oder Kuhmilch

2 EL Olivenöl extra vergine

1 Handvoll Garten- oder Brunnenkresse

Kräutersalz

Knospen / Blüten

Taglilie, Kapuzinerkresse, Schnittlauch, Zierlauch, fein geschnitten

1

Avocado halbieren, Stein entfernen. Avocadofleisch aus der Schale lösen und mit einer Gabel zerdrücken. Frischkäse, Olivenöl und Kresse unterrühren, mit Kräutersalz abschmecken.

2

Baguettescheiben im Ofen rösten.

3

Avocadocreme auf die Crostini verteilen, mit den Taglilienknospen garnieren.

Tipp

Im frühen Frühling Kresse durch fein geschnittenen Bärlauch ersetzen. Crostini mit Stiefmütterchen und Veilchen dekorieren.

Zum Bild

Im Krug ist Holunderblütenwasser, Rezept Seite 135.

Trockenfleisch-Röllchen

100 g Bresaola oder Bündnerfleisch, in feinen Scheiben

Füllung

70 g Ziegenfrischkäse

2 EL geriebener Sbrinz oder Parmesan

2 EL geriebene Haselnüsse oder Baum-/Walnüsse

je 1 TL fein gehackte Orangenminze und Thymian

1 TL abgezupfte Schnittlauchblüten

Olivenöl extra vergine

frisch gemahlener Pfeffer

Blüten

Zwiebel, Lauch, Taglilie, Kapuzinerkresse, Ingwer

1

Bresaola auf der Arbeitsfläche überlappend rechteckig auslegen.

2

Für die Füllung Frischkäse, Sbrinz, Haselnüsse, Kräuter und Blütenblätter verrühren, mit Olivenöl und Pfeffer abschmecken. Käsemasse auf dem Fleisch verstreichen, an den Längsseiten 2 cm Rand frei lassen. Einrollen. Mit einem scharfen Messer portionieren.

Anrichten

Mit Blüten garnieren.

Blattsalat mit Blüten und Mozzarella

1 Bund Rucola

1 Bund Hirschhorn- oder Blattsalat

einige Blätter von roter Melde

Blütenblätter je nach Saison, z. B. Kornblume, Ringelblume, Duftrose, Rucola, Mohn

10 Cherry- oder 2 Fleischtomaten

4 Portionen Büffelmozzarella

Vinaigrette

2 EL Blütenessig, Seite 142, oder weißer Balsamico

4–5 EL Olivenöl extra vergine

Blütensalz, Seite 64

frisch gemahlener Pfeffer

1

Die Vinaigrette zubereiten.

2

Blattsalate und abgezupfte Blütenblätter oder ganze Blüten locker mischen und auf Tellern anrichten.

3

Cherrytomaten halbieren oder vierteln. Bei den Fleischtomaten den Stielansatz ausstechen, Tomaten vierteln oder achteln. Mozzarella portionieren. Tomaten und Mozzarella rund um den Salat legen.

4

Salat mit der Vinaigrette beträufeln.

Kalte Tomatensuppe mit Blütenknospen

2 EL Olivenöl extra vergine, kräftiger Geschmack

1 Schalotte

1 kg sehr reife Tomaten

1 EL Balsamico

2 EL Sojasauce

180 g Crème fraîche

1 unbehandelte Zitrone, wenig abgeriebene Schale und 2 EL Saft

Kräutersalz

1 großes Bund Basilikum

Blüten

Nachtkerze, Taglilie, Kapuzinerkresse, Borretsch, Basilikum, Rucola, Ysop, in Streifen

Olivenöl extra vergine, kräftiger Geschmack

1

Basilikumblätter von den Stielen zupfen und in feine Streifen schneiden.

2

Tomaten mit dem Sparschäler schälen oder Tomaten an der Spitze kreuzweise einschneiden und in einem Schaumlöffel in kochendes Wasser tauchen, bis sich die Haut löst, unter kaltem Wasser abschrecken, Tomaten schälen, Stielansatz ausstechen, Tomaten vierteln und entkernen.

3

Schalotten im Olivenöl andünsten, Tomaten, Balsamico und Sojasauce zugeben, etwa 5 Minuten köcheln. Mit dem Stabmixer pürieren. Erkalten lassen, danach kühl stellen.

4

Crème fraîche, Zitronensaft und -schale unter die Tomatensuppe rühren, mit Kräutersalz abschmecken. Suppe anrichten, mit Basilikum und Blütenstreifen garnieren, mit Olivenöl beträufeln.

Taglilienblüten mit Lachs-Frischkäse-Füllung

Taglilien

Füllung

- 100 g Ziegenfrischkäse
- 100 g Wildlachs
- ¼ unbehandelte Zitrone, Schale und einige Tropfen Saft
- frisch gemahlener Pfeffer
- 2 EL Olivenöl extra vergine

Sämtliche Zutaten für die Füllung fein mixen. Die Taglilienblüten mit der Mousse füllen.

Varianten

Die Mousse eignet sich auch zum Füllen von Hostablüten und großen Glockenblumen. Mousse auf gerösteten Brotscheiben servieren. Mit Blüten von Kapuzinerkresse, Kohl, Rucola, Fenchel und Zitrone garnieren.

Abbildung

Eier-Cottage-Cheese-Tatar mit Gewürztagetes

- 1 dunkle Baguette
- 150 g Cottage Cheese / Hüttenkäse
- wenig Senf
- wenig Mayonnaise
- 3–4 hartgekochte Eier
- Salz
- frisch gemahlener Pfeffer
- Gewürztagetes, gehackt

Blüten

- Gewürztagetes

1

Cottage Cheese in einem feinen Sieb abtropfen lassen.

2

Senf und Mayonnaise unter den Cottage Cheese rühren. Eier schälen und fein hacken, unterrühren, würzen, gehackte Gewürztagetes zufügen.

3

Baguette in Scheiben schneiden. Eier-Cottage-Cheese-Tatar darauf verteilen. Mit Blüten garnieren.

Rezepte

Hauptspeisen

Rosenblüten-Lachs auf Orangen

4 Portionen Bio-Zuchtlachs

Rosenblütensalz, Seite 64, oder Kräuter-Rosenblütensalz, Seite 72

1 Duftrose

Olivenöl extra vergine

2 Bio-Orangen

1 EL bester Balsamico

1 EL Akazienblütenhonig

Blüten

Thymian und Lavendel, evtl. zusätzlich Rosmarin und Ananassalbei

1

Die Rosenblütenblätter abzupfen, weißen Blattansatz abschneiden und die Blütenblätter in Streifen schneiden.

2

Lachs mit dem Rosenblütensalz würzen und den Rosenblütenstreifen bestreuen.

3

Orangen in Scheiben schneiden und entkernen, in einer Bratpfanne in wenig Olivenöl erwärmen, mit Balsamico und Akazienhonig glasieren.

4

Den Lachs im nicht zu heißen Olivenöl auf beiden Seiten 2 bis 3 Minuten braten.

5

Die glasierten Orangenscheiben auf vorgewärmten Tellern anrichten, den gebratenen Lachs daraufsetzen, mit Thymian- und Lavendelblüten garnieren.

Scharfe Zucchinisuppe mit Poulet und Dahlien

2 EL Olivenöl extra vergine

1 Zwiebel, grob gehackt

3 cm frische Ingwerwurzel, geschält, klein gewürfelt

2 Zitronengrasstängel, grob geschnitten

8 Pfefferkörner, zerstoßen

8 große Verveineblätter

7 dl / 700 ml Kokosnussmilch

6 dl / 600 ml Gemüse- oder Hühnerbrühe

300 g Zucchini oder Kürbis (Butternut)

400 g Poulet- / Hähnchenbrust oder frischer Lachs, gewürfelt

1–2 kleine rote Chilischoten, entkernt, klein gewürfelt

wenig Zitronensaft zum Abrunden

2 Dahlienblüten

Avocadoöl oder Olivenöl extra vergine zum Beträufeln

Weitere empfehlenswerte Blüten

Ringelblume, Sonnenblume, Zitronenthymian

1

Zwiebeln, Ingwer und Zitronengras im Olivenöl andünsten, Pfeffer, Verveine, Kokosnussmilch und Gemüsebrühe zugeben, die Suppe 10 Minuten bei schwacher Hitze köcheln lassen. Suppe durch ein Sieb passieren und in den Topf zurückgeben.

2

Zucchini mit Schale oder geschälten, entkernten Kürbis auf einer groben Reibe zur Suppe reiben. Suppe aufkochen, Pouletfleisch zugeben, bei schwacher Hitze 7 Minuten ziehen lassen. Lachs nur 3 Minuten ziehen lassen.

3

Blütenblätter von der Dahlie abzupfen, in Streifen schneiden.

4

Chili zur Suppe geben, mit Zitronensaft abschmecken. Anrichten. Mit Blütenstreifen bestreuen und mit Avocadoöl beträufeln.

Zucchiniquiche mit Verveine

für ein Kuchenblech von 30 cm Durchmesser

Mürbeteig

250 g feines Dinkelvollkorn- oder Halbweißmehl

125 g kalte Butterstückchen

2 Eigelbe

1 Prise Meersalz

Belag

2 EL Olivenöl extra vergine

4 kleine Zucchini

1 große Zwiebel

1 Knoblauchzehe

Salz, Pfeffer

1 unbehandelte Zitrone, abgeriebene Schale

gehackte Verveineblätter

Guss

2 dl / 200 ml Rahm / Sahne

200 g Feta

3 Eigelbe

2 TL gehackte Thymian- und Rosmarinblüten

Blüten

Taglilie, Kapuzinerkresse, Zwiebel

1

Am einfachsten und schnellsten ist der Mürbeteig zubereitet, wenn man alle Zutaten in den Cutter gibt und die Maschine laufen lässt, bis man einen weichen Teig hat. Oder von Hand: Mehl und Butterstückchen krümelig reiben, Eigelbe und Salz zugeben, zu einem Teig zusammenfügen. Nicht kneten. Teig zwischen Klarsichtfolien auf Formgröße ausrollen, in die eingefettete Form legen. Mindestens 30 Minuten kühl stellen.

2

Für den Guss den Feta in einer Schüssel mit einer Gabel zerdrücken, Rahm, Eigelbe und Blüten unterrühren.

3

Zucchini beidseitig kappen und in feine Scheiben schneiden. Zwiebel in Streifen schneiden. Knoblauch in feine Scheiben schneiden. Zucchini, Zwiebeln und Knoblauch im Olivenöl kurz dünsten, auskühlen lassen. Mit Salz, Pfeffer, Zitronenschale und Verveine würzen.

4

Zucchini-Zwiebel-Masse auf dem Teigboden verteilen, Guss darüber verteilen.

5

Die Zucchiniquiche auf der zweituntersten Schiene in den auf 200 °C vorgeheizten Ofen schieben, 30 Minuten backen. Mit fein geschnittenen Blüten garnieren.

Spaghetti mit Taglilienknospen und Krevetten

400 g Spaghetti

4 EL Olivenöl extra vergine
300 g Bio-Krevetten / -Garnelen
1 große Handvoll Taglilienknospen und Blüten, fein geschnitten
2 EL fein gehackte glattblättrige Petersilie
Salz, Pfeffer aus der Mühle

1

Spaghetti in reichlich Salzwasser al dente kochen, abgießen.

2

Krevetten im Olivenöl kurz braten, Taglilien und Petersilie unterrühren, mit Salz und Pfeffer abschmecken, Spaghetti untermischen. In vorgewärmten Tellern anrichten.

Pappardelle mit Kürbiskern-Rucola-Pesto und Sommerblumenblüten

400 g Pappardelle (breite Nudeln)

Pesto

4 EL Kürbiskerne

4–6 EL Olivenöl extra vergine

½ Zitrone, Saft

frisch gemahlener Pfeffer

100 g Feta oder Frischkäse, evtl. Ziegenfrischkäse

1 Bund Rucola, grob geschnitten

1 Stück Sbrinz oder Parmesan, zerbröckelt

Blüten

Nelke, Kornblume, Ringelblume; gut dazu passen auch Blüten von Bärlauch, Rucola, Lauch, Federkohl

1

Für den Pesto alle Zutaten zu einer feinen Masse mixen.

2

Pappardelle in reichlich Salzwasser al dente kochen, abgießen, noch heiß mit dem Pesto mischen, in vorgewärmten tiefen Tellern anrichten, mit den Blüten garnieren.

Variante

Pappardelle mit gebratenen Lachswürfeln anreichern.

Lammspießchen mit Ofenkartoffeln

500 g Lammfilet, in Würfeln oder Scheiben

1 Handvoll gemischte Blüten und Kräuter, z. B. Lavendel- und Majoranblüten, Blüten und Blätter von Zitronenthymian, einige Ysopblüten (nicht zu viele), 2 Salbeiblätter, 2–4 Verveineblätter

Blütensalz aus Blüten von Thymian, Rose und Salbei, Seite 64

Olivenöl extra vergine

Ofenkartoffeln

1 kg erntefrische kleine Kartoffeln

2 EL Olivenöl extra vergine

Kräutersalz

1 Handvoll gemischte Kräuter / Blüten, bestehend aus Lavendelblüten, Blüten und Blättern von Zitronenthymian und Salbei, 2 Duftrosenblüten, 1–2 Ringelblumenblüten, Orangenminzeblättchen

1

Blüten und Kräuter für das Fleisch fein hacken. Lammfiletwürfel / -scheiben auf Spießchen stecken, in der Kräuter- / Blütenmischung wenden, mit dem Blütensalz leicht salzen. Lammspießchen kurz vor dem Servieren im Olivenöl von allen Seiten kurz braten. Das Fleisch sollte innen noch leicht rosa sein.

2

Blüten und Kräuter für die Kartoffeln fein hacken. Kartoffeln auf einem Blech mit Kräutersalz und Olivenöl mischen, im Ofen bei 220 °C 25 bis 30 Minuten braten. Vor dem Servieren in der Blütenmischung wenden, nach Belieben mit wenig Olivenöl beträufeln.

Tipp

Die Kräuter-Blüten-Mischung der Kartoffeln zum Parfümieren eines erfrischenden Sommergetränkes verwenden. Mischung mit 2 EL Bütenzucker, Seite 144, und einer halben zerkleinerten Zitrone in 1 Liter kaltes Wasser geben und mindestens 2 Stunden oder über Nacht stehen lassen, abseihen. Ein aromatisches Getränk mit einer wunderschönen Farbe.

Tagliatelle mit Lachs-Kräuter-Butter

400 g Tagliatelle

50 g weiche Butter

50 g Wildlachs, fein geschnitten

1 unbehandelte Zitrone, wenig abgeriebene Schale

10 Basilikumblätter, fein geschnitten

20 Rosmarinblüten

Zitronenblütensalz, Seite 64

1 Prise Pfeffer

Olivenöl extra vergine

12 Cherrytomaten

Blüten

Rosmarin, Kapuzinerkresse, Taglilie

1

Für die Lachs-Kräuter-Butter Lachs, Zitronenschalen, Kräuter und Blüten unter die weiche Butter rühren, mit Zitronenblütensalz und Pfeffer abschmecken.

2

Tagliatelle in reichlich Salzwasser al dente kochen, abgießen.

3

Bei den Cherrytomaten den Stielansatz ausstechen, Tomaten halbieren, im Olivenöl erwärmen, Lachs-Kräuter-Butter zugeben und schmelzen. Tagliatelle zugeben, gut mischen. Auf vorgewärmten Tellern anrichten. Mit den Blüten garnieren.

Zitronen-Spaghetti mit Ringelblumen und Zitronenblüten

300 g Spaghetti

6–8 EL Olivenöl extra vergine

1 Bund glattblättrige Petersilie, Blättchen abgezupft und gehackt

1 TL gehackte Verveine

3 unbehandelte Zitronen, abgeriebene Schale und Saft

2–3 EL geröstete Pinienkerne

grob geriebener Parmesan

Blüten

Zitrone, Ringelblume

1

Spaghetti in reichlich Salzwasser al dente kochen, abgießen.

2

Die noch heißen Spaghetti mit Olivenöl, Petersilie, Verveine, Zitronenschale und Zitronensaft mischen. Spaghetti in vorgewärmten Tellern anrichten. Mit Pinienkernen, Parmesan und Blüten garnieren.

Spaghetti mit Salbei und Lavendel

400 g Spaghetti

reichlich Olivenöl extra vergine

1 Handvoll Salbeiblätter

5 Knoblauchzehen, fein gewürfelt

2–3 EL Sonnenblumenkerne

Blüten von Lavendel und Duftrose, fein gehackt

Blüten

Ysop

1

Spaghetti in reichlich Salzwasser al dente kochen, abgießen.

2

Salbei, Knoblauch und Sonnenblumenkerne im Olivenöl kurz rösten, nicht zu lange, sonst wird der Knoblauch bitter. Blüten und Spaghetti zugeben, alles gut mischen. In vorgewärmten Tellern anrichten. Mit den Ysopblüten garnieren.

Kartoffelsalat mit geräucherter Forelle

1 kg neue Kartoffeln

2 geräucherte Forellenfilets

1 rote Zwiebel, in feinen Ringen

Sauce

2 EL Mayonnaise

1 EL fein gehackte Ysopblätter und -blüten

2 TL Senf

4 EL Blütenessig, z. B. Rosenblütenessig, Seite 142

2 EL Olivenöl extra vergine

2 EL Haselnussöl oder 4–6 EL Olivenöl extra vergine

abgezupfte Estragonblättchen oder fein geschnittene glattblättrige Petersilie

frisch geriebener Meerrettich, nach Belieben

Blüten

Kapuzinerkresse, Rucola, Zierlauch, Brokkoli, Estragon, Senf, Funkie, Ysop, Fenchel (Bild), Begonie (Bild)

1

Die Sauce zubereiten.

2

Kartoffeln in der Schale im Dampf weichkochen. Noch warm schälen und in Scheiben schneiden. Kartoffelscheiben auf einer Platte anrichten, mit der Sauce beträufeln. Forelle darauflegen, mit den Blüten garnieren. Mit dem Meerrettich abschmecken.

Kartoffelpüree mit Scampi und Blüten

Kartoffelpüree

1 kg mehligkochende Kartoffeln

1 Süßkartoffel

1 dl / 100 ml Rahm / Sahne

2–3 EL Olivenöl extra vergine

Meersalz

frisch geriebene Muskatnuss

frisch gemahlener Pfeffer

1 Zweig Ananassalbei, Blätter abgezupft und fein gehackt

Ananassalbeiblüten

Scampi

Olivenöl extra vergine

12 Scampi

Zitronensalz, Seite 64

Blüten von Thymian, Ysop, Rose, Lavendel, Oregano, abgezupft und gehackt

1 unbehandelte Zitrone, wenig abgeriebene Schale

1

Kartoffeln und Süßkartoffel schälen und in Würfel schneiden. Im Dampf weich garen. Rahm und Olivenöl erhitzen, mit Salz, Muskatnuss und Pfeffer würzen. Kartoffeln / Süßkartoffel durch das Passevite / die Flotte Lotte direkt zum Rahm drehen und unterrühren. Vor dem Servieren nochmals erhitzen und Kräuter unterrühren.

2

Scampi auf Spießchen stecken, mit Zitronensalz, Blüten und Zitronenschale würzen. Im Olivenöl rundum kurz braten.

3

Kartoffelpüree und Scampispießchen auf vorgewärmten Tellern anrichten, mit den Ananassalbeiblüten garnieren.

Garnitur

Gleiche Blüten wie für die Scampi verwenden.

Kürbis-Risotto mit Nachtkerzenblüten

2 EL Olivenöl extra vergine

1 EL Butter

1 kleine Zwiebel oder Schalotte, fein gewürfelt

300 g Risottoreis

1 dl / 100 ml Weißwein

1 Briefchen Safranfäden, in wenig Wasser eingeweicht

1 l heiße Gemüse- oder Hühnerbrühe

10 Verveineblätter

300 g Kürbis (Butternut)

150 g Gorgonzola

frisch gemahlener Pfeffer

Blüten

Nachtkerze, Ringelblume, Sonnenblume, Topinambur, Malve, Kürbis, Zucchini

geriebener Sbrinz oder Parmesan

Olivenöl extra vergine

1

Kürbis schälen und entkernen, auf einer groben Reibe reiben.

2

Zwiebeln in der Mischung aus Olivenöl und Butter andünsten, Reis mitdünsten und glasig werden lassen, mit Weißwein ablöschen, eingeweichte Safranfäden und Gemüsebrühe zugeben, Verveine mitkochen, Risotto häufig rühren. Nach 10 Minuten Kürbis zugeben, weitere 10 Minuten köcheln. Verveine entfernen. Gorgonzola unterrühren, mit Pfeffer abschmecken. Der Risotto sollte noch leicht flüssig sein.

3

Kürbis-Risotto in vorgewärmten tiefen Tellern anrichten. Mit Blüten bestreuen. Am Tisch mit Olivenöl beträufeln und mit Käse bestreuen.

Tipp

Kürbis- und Zucchiniblüten im Olivenöl kurz braten.

Rezepte

Desserts

Pfirsiche mit Holunderblüten-Zabaione

Rotweinpfirsiche

4 reife, schnittfeste Pfirsiche, am besten weiße

1½ dl–2 dl / 150–200 ml Rotwein

2 EL Rosenblütenwasser

2 EL Akazienblütenhonig

Holunderblüten-Zabaione

3 Eigelbe

1 Ei

3 EL Akazienblütenhonig

1 dl / 100 ml Holunderblüten- oder Mädesüß- oder Rosenweißwein

Blüten

Geißblatt, Jasmin, Rose

1

Pfirsiche halbieren und entsteinen, die Fruchthälften in Spalten schneiden. Rotwein, Rosenblütenwasser und Akazienblütenhonig in einem Topf erhitzen, die Pfirsiche in den Fond legen und je nach Reifegrad etwa 5 Minuten pochieren. Abkühlen lassen.

2

Alle Zutaten für die Zabaione in eine Chromstahlschüssel geben und über kochendem Wasser luftig und cremig schlagen.

3

Rotweinpfirsiche anrichten, Zabaione darüber verteilen. Mit den Blüten garnieren.

Tipp

Für dieses Rezept eignen sich auch Erdbeeren oder frische Feigen.

Rosenblütenwasser

Ein kleines Glas mit Schraubverschluss mit abgezupften Rosenblütenblättern (weißen Blattansatz entfernen) füllen, mit heißem Wasser auffüllen. Glas verschließen. Über Nacht ziehen lassen. Auch im Reformhaus und Bioladen erhältlich.

Blütenwein

3–4 Holunder- oder Mädesüßblütendolden oder 2–5 Duftrosenblüten (Blütenblätter abgezupft, weißer Blattansatz entfernt) in ein Glas mit Schraubverschluss (1 l Inhalt) füllen. Mit Weißwein auffüllen. Glas verschließen. 2–3 Tage ziehen lassen.

Rosen-Panna-Cotta mit Walderdbeeren

für 4–6 Portionsförmchen, je nach Größe

3 dl / 300 ml Rahm / Sahne

2 Duftrosen oder
1 Holunderblütendolde

2 g Agar-Agar-Pulver
(Reformhausqualität)

50 g Zucker

2 TL Rosenblütenwasser, Seite 108

Walderdbeeren
oder andere Saisonfrüchte

Rosenblütensirup, Seite 139

Rosenblütenwasser, Seite 108

Blüten

Stiefmütterchen, Taglilie, Rose

1

Bei den Rosenblütenblättern weißen Blattansatz abschneiden. Blütenblätter in eine kleine Schüssel geben und den Rahm dazugießen, zugedeckt 24 Stunden in den Kühlschrank stellen und den Rahm aromatisieren. Blütenblätter ausdrücken. Abseihen.

2

Aromatisierten Rahm, Agar-Agar-Pulver und Zucker in einem Topf glattrühren, unter Rühren aufkochen, mit dem Rosenblütenwasser parfümieren. Creme in die kalt ausgespülten Portionsförmchen gießen, abkühlen lassen, 4 Stunden kühl stellen.

3

Panna-Cotta-Köpfchen auf Teller stürzen, mit Walderdbeeren oder anderen Saisonfrüchten umgeben, mit Rosenblütensirup und einigen Tropfen Rosenblütenwasser verfeinern. Mit Blüten garnieren.

Holunderblüten-Panna-Cotta

Rosenblüten durch 1 Holunderblütendolde ersetzen. Diese auf Ungeziefer kontrollieren. Die Blüten von der Dolde zupfen. Blütenwasser und Sirup mit Holunderblüten zubereiten.

Frischkäsekuchen mit Duftpelargonien

für eine Form
von 20 cm Durchmesser

4 Eier, getrennt

150 g Akazienblütenhonig

250 g Frischkäse

180 g Crème fraîche

100 g erkaltete flüssige Butter

2 unbehandelte Zitronen, Schale

1 EL gehackte Zitronenmelisse
oder Verveine

Duftpelargonien und
Himbeeren für die Garnitur

1

Eigelbe und Honig zu einer luftigen, cremigen Masse aufschlagen. Frischkäse, Crème fraîche, flüssige Butter, Zitronenschale und Kräuter unterrühren. Eiweiß steif schlagen und unterheben. In die eingefettete Form füllen.

2

Frischkäsekuchen in der Mitte in den auf 160 °C vorgeheizten Ofen schieben, 50 Minuten backen. Stäbchenprobe machen.

3

Ausgekühlten Frischkäsekuchen mit Duftpelargonien und Himbeeren garnieren.

Holunderblüten im Ausbackteig

Holunderblütendolden
oder Akazienblüten

2 Eier

1 dl / 100 ml Milch

125 g feinstes Dinkelvollkorn-
mehl / -ruchmehl

1 EL Lindenblütenhonig

Olivenöl zum Ausbacken

1

Eier und Milch verquirlen, Mehl unterrühren, mit dem Lindenblütenhonig abschmecken. Teig 30 Minuten quellen lassen.

2

Holunderblütendolden auf Ungeziefer kontrollieren.

3

Dolden / Blüten durch den Ausbackteig ziehen, im Olivenöl ausbacken.

Jasminflan mit Melonencoulis

für 6 Portionsförmchen

Jasminflan

2½ dl / 250 ml Rahm / Sahne

1 Handvoll echte Jasminblüten

4 Eier

3 EL Zucker oder Akazienblütenhonig

Melonencoulis

½ reife Honigmelone

2 EL Orangenblütenwasser, Seite 108

2 EL Holunderweißwein, Seite 108

1–2 EL Holunderblütensirup, Seite 139

Verveine- oder Orangenminzeblättchen, für die Garnitur

Blüten

echter Jasmin, Zitrone, Geißblatt

1

Jasminblüten und Rahm in einem Schüsselchen mischen, im Kühlschrank zugedeckt 24 Stunden stehen lassen. Blüten ausdrücken. Abseihen. Blüten wegwerfen.

2

Eier und Zucker verquirlen, aromatisierten Rahm unterrühren. Auf die Portionsförmchen verteilen.

3

Die Jasminflans im Wasserbad bei 120 °C etwa 120 Minuten pochieren. Erkalten lassen.

4

Für das Melonencoulis die Melone entkernen und schälen, in Würfelchen schneiden, mit den übrigen Zutaten mischen. Zugedeckt marinieren.

5

Die Jasminflans auf Teller stürzen, mit dem Melonencoulis umgeben. Mit Verveine und Blüten garnieren.

Duftpelargoniencake

für eine Cake-/Kastenform
von 20 cm Länge

125 g weiche Butter

125 g Blütenzucker, Seite 144

½ TL Vanillepulver

1 TL Rosenblütenwasser, Seite 108

2 Eier

125 g Weißmehl

½ TL phosphatfreies Backpulver

einige fein gehackte Duftpelargonienblütenblätter

Butter für die Form

1 EL Blütenzucker für die Form, Seite 144

Duftpelargonien

eingezuckerte Duftpelargonienblüten nach Belieben

1

Die Cake-Form mit Butter einfetten und mit Blütenzucker ausstreuen. Duftpelargonienblütenblätter in die Cake-Form legen.

2

Backofen auf 175 °C vorheizen.

3

Butter luftig aufschlagen, Blütenzucker, Vanillepulver, Rosenblütenwasser und Eier zugeben, rühren, bis sich der Zucker aufgelöst hat. Mehl, Backpulver und fein gehackte Blütenblätter untermischen. Teig in die vorbereitete Form füllen.

4

Cake-Form in der Mitte in den Ofen schieben, Duftpelargoniencake bei 175 °C 30 Minuten backen. Auskühlen lassen. Mit den eingezuckerten Blüten garnieren.

Blütencrêpes

2 dl / 200 ml Kokosnussmilch

4 EL gemischte Blüten: Stiefmütterchen, Ringelblume, Veilchen, Rose, Duftpelargonie, Minze usw.

1 EL Blütenzucker, Seite 144

1 Prise Meersalz

2 große oder 3 kleine Eier

170 g Dinkelweißmehl

Butter oder Olivenöl extra vergine zum Braten

Himbeeren, Hagebuttenkonfitüre

Schlagrahm / -sahne

1

Für den Crêpeteig Kokosnussmilch und Blüten mixen oder Blüten von Hand fein schneiden und unterrühren. Übrige Zutaten zugeben, glattrühren. Teig 30 Minuten ruhen lassen.

2

Aus dem Teig in wenig Butter oder Olivenöl dünne Crêpes ausbacken. 2 Mal falten und warmhalten.

3

Himbeeren in der Hagebuttenkonfitüre erwärmen, auf den Crêpes anrichten, mit Schlagrahm garnieren.

Orangen-Kiwi-Cocktail mit Cointreau und Granatapfelkernen

2 Kiwis

2–3 Bio-Orangen

2–3 EL Cointreau

1 Briefchen Vanillezucker mit echter Bourbonvanille

1 Granatapfel

einige Minzeblättchen

Blüten

Rosen- und Ananassalbei, Duftrose, Geißblatt, Glockenblume, Veilchen, Stiefmütterchen

1

Kiwis schälen, Blüten- und Stielansatz abschneiden, Früchte in Viertel und diese in Würfel schneiden.

2

Orangen großzügig schälen, auch die weiße Haut entfernen. Fruchtfilets aus den Trennhäutchen schneiden, entkernen und eventuell halbieren.

3

Orangen und Kiwis mit Vanillezucker und Cointreau mischen, 1 bis 2 Stunden marinieren.

4

Granatapfel halbieren, Kerne mit einem Löffel aus der Schale in eine Schüssel klopfen.

5

Kiwi-Orangen-Mix in Gläser füllen, Granatapfelkerne darüberstreuen, mit Minzeblatt und Blüten garnieren.

Variante

Cocktail mit Rosenblütenwasser, Seite 108, verfeinern.

Zitronentarte mit Verveine

für eine Springform von 26 cm Durchmesser

Mürbeteig

250 g Dinkelweißmehl

125 g kalte Butterstückchen

2 EL kaltes Wasser

2 Eigelbe

Auskernbohnen zum Blindbacken

Füllung

3 unbehandelte Zitronen, abgeriebene Schale und Saft

2 EL Zitronenöl (Olivenöl mit 20 % Zitrone aromatisiert) oder Olivenöl

2 Eier

180 g Zucker

180 g Crème fraîche

1 EL fein geschnittene Verveine- oder Pelargonienblätter und -blüten

Blüten

eingezuckerte Blüten, Seite 145

1

Am schnellsten ist der Mürbeteig zubereitet, wenn man alle Zutaten in den Cutter gibt und die Maschine laufen lässt, bis man einen kompakten, aber noch weichen Teig hat. Ohne Cutter: Mehl und Butter krümelig reiben, Wasser und Eigelbe zugeben, zu einem Teig zusammenfügen, nicht kneten. Teig in Klarsichtfolie einwickeln, 30 Minuten kühl stellen.

2

Backofen auf 180 °C vorheizen.

3

Alle Zutaten für die Füllung gut verrühren.

4

Den Boden der Springform mit Backpapier belegen, den Rand einfetten. Etwa zwei Drittel der Teigmenge direkt auf dem Boden der Springform ausrollen. Das geht am besten, wenn man eine Klarsichtfolie auf den Teig legt (verhindert ein Kleben am Teigholz). Den Ring aufsetzen. Aus dem restlichen Teig eine Rolle formen, an den Rand legen und etwa 3 cm hoch drücken. Ein Backpapier auf den Teig legen, mit den Bohnen bedecken.

5

Form in der Mitte in den Ofen schieben, den Mürbeteigboden bei 180 °C 15 Minuten blind backen. Auskernbohnen und Backpapier entfernen, weitere 5 Minuten backen. Füllung auf den Teigboden gießen. Zitronentarte 30 Minuten backen. Stäbchenprobe machen. Auskühlen lassen.

6

Zitronentarte mit den eingezuckerten Blüten garnieren.

Quarktorte mit Ananassalbei

für eine Springform
von 24 cm Durchmesser

Mürbeteig

60 g kalte Butter

30 g Zucker

1 Prise Meersalz

1 Prise Vanillepulver

1 Eigelb

90 g Dinkelweiß- oder -ruchmehl

30–40 g dunkle Kuvertüre zum Bestreichen des Mürbeteigbodens

Quarkcreme

250 g Vollmilchquark

3 EL Crème fraîche

3 EL Akazienblütenhonig

1 EL Blütenzucker, Seite 144

1 EL fein geschnittene Ananassalbeiblätter

½ dl / 50 ml Schlagrahm / -sahne

1½ dl / 150 ml Rahm / Sahne

3–4 g (1 TL) Agar-Agar-Pulver (Reformhausqualität)

Blüten

Ananassalbei, Cassissalbei, Rose

1

Den Boden der Springform mit Backpapier belegen.

2

Für den Mürbeteig alle Zutaten in den Cutter geben und rasch zu einem Teig verarbeiten. Direkt auf dem mit Backpapier belegten Boden mit Hilfe einer Klarsichtfolie 3 mm dick ausrollen. Klarsichtfolie entfernen. Ring aufsetzen. Teig 30 Minuten kühl stellen.

3

Backofen auf 160 °C vorheizen. Teigboden 20 Minuten backen. Auskühlen lassen. Kuvertüre in einem Schüsselchen im heißen Wasserbad schmelzen, Biskuitboden damit bepinseln.

4

Quark, Crème fraîche, Akazienblütenhonig, Blütenzucker, Ananassalbeiblätter und Schlagrahm verrühren. Restlichen Rahm mit Agar-Agar-Pulver in einem kleinen Topf unter Rühren aufkochen, unter die Quarkmasse rühren. Masse auf den Kuchenboden gießen, glattstreichen. Quarktorte kühl stellen. Vor dem Servieren mit Blüten garnieren.

Zitronenthymiansorbet mit Melonensalat

125 g Thymianzucker

4½ dl / 450 ml Wasser

2 unbehandelte Zitronen, abgeriebene Schale und Saft

25 g Zitronenthymianblättchen

Melonensalat

je ½ Cavaillon- und Netzmelone (oranges und gelbes Fruchtfleisch)

4 EL Lavendel- oder Rosenblütensirup, Seite 139

5 Verveineblätter, fein geschnitten

10 intensiv duftende Minzeblättchen, fein geschnitten

2–3 EL Rosenblütenwasser, Seite 108

Blüten

Minze, Verveine, Malve, Ananas-, Rosen- oder Cassissalbei

1

Thymianzucker, Wasser und Zitronenschale 5 Minuten kochen, Zitronenthymianblätter zugeben. Abkühlen lassen. Zitronensaft zugeben. Abseihen. Limonade in der Eismaschine gefrieren lassen.

2

Melonenhälften entkernen und schälen, in Würfel schneiden. Mit den übrigen Zutaten mischen. 30 Minuten marinieren.

3

Melonenwürfel auf Teller verteilen. Vom Sorbet mit dem Eisportionierer Kugeln abstechen, darauf anrichten, mit Blüten garnieren.

Thymianzucker

5 bis 6 Thymianblütenzweiglein mit Zucker in ein Glas mit Schraubverschluss (3 dl / 300 ml) füllen. 3 Wochen ziehen lassen. Blüten entfernen. Der Thymianzucker ist ein wenig feucht. Für Eisspezialitäten und Backwaren spielt das keine Rolle. Man kann die Thymianblüten auch zuerst trocknen und dann in den Zucker einlegen. Der Zucker wird jedoch mit frischen Blüten intensiver. Auf dieselbe Weise kann Thymiansalz zubereitet werden.

Sorbetvariationen

Gleiche Zubereitung mit Minze und Verveine.

Lavendelparfait mit Kumquats und Jasminblüten

für 4 Portionsförmchen

125 g Lavendelzucker

4 Eigelbe

2–3 EL Lavendelblütensirup, Seite 139, je nach Intensität des Lavendelzuckers

2 dl / 200 ml Rahm / Sahne

Kumquatkompott

12–16 Kumquats

2 EL Lavendel- oder Rosenblütensirup, Seite 139

Blüten

echter Jasmin, Zitrone, Rose, Duftpelargonie, Ananassalbei, Geißblatt, Sommerflieder

1

Lavendelzucker und Eigelbe mit dem Handmixer oder in der Küchenmaschine zu einer luftigen, cremigen Masse aufschlagen. Zuerst den Lavendelsirup, dann den steifgeschlagenen Rahm unterziehen. Parfaitmasse in die Förmchen füllen. Mindestens 3 Stunden tiefkühlen.

2

Für das Kompott Kumquats längs vierteln, unter Zugabe von wenig Wasser und Sirup einmal aufkochen, abkühlen lassen.

3

Das Lavendelparfait auf Teller stürzen, mit Kumquats und Blüten garnieren.

Lavendelzucker

5 bis 6 Lavendelblütenzweiglein mit Zucker in ein Glas mit Schraubverschluss (3 dl / 300 ml) füllen. 3 Wochen ziehen lassen. Blüten entfernen. Der Lavendelzucker ist ein wenig feucht. Für Eisspezialitäten und Backwaren spielt das keine Rolle. Man kann die Lavendelblüten auch zuerst trocknen und dann in den Zucker einlegen. Der Zucker wird aber mit frischen Blüten intensiver. Auf dieselbe Weise kann Lavendelsalz zubereitet werden.

Kumquat

Das etwas bittere Aroma passt sehr gut zum süßen Lavendelparfait.

Lavendelflan

für 4 Förmchen

3 dl/300 ml Milch

2–3 Lavendelblütenzweige

100 g Doppelrahm/Crème double

4 Eigelbe

2 Eier

100 g Lavendelblütenhonig

Butter für die Förmchen

Zucker

Lavendelblütensirup, Seite 139

1

Den Backofen auf 100 °C vorheizen. Die Förmchen mit Butter einfetten.

2

Milch und Lavendelzweige aufkochen, 2 Minuten köcheln lassen, Doppelrahm zugeben, weitere 2 Minuten köcheln lassen. Auf der ausgeschalteten Wärmequelle einige Minuten ziehen lassen. Lavendel entfernen.

3

Eigelbe, Eier und Lavendelblütenhonig mit dem Handmixer oder in der Küchenmaschine zu einer luftigen, cremigen Masse aufschlagen. Lavendelmilch unterrühren. In die vorbereiteten Förmchen füllen.

4

Förmchen in der Mitte in den Ofen stellen und die Flans bei 100 °C 30 Minuten stocken lassen. Ofen ausschalten. Flans im Ofen 20 Minuten stehen lassen.

5

Lavendelflans mit Zucker bestreuen, diesen auf Grillstufe oder mit einem Bunsenbrenner karamellisieren, mit Lavendelsirup beträufeln.

Melonenkügelchen mit Malven- und Minzeblüten

je ½ orangefarbene und gelbe Honigmelone
4 EL Rosenblütenwasser, Seite 108
2–3 EL Grand Marnier
2 EL abgezupfte Rosenblütenblätter
15 Minzeblüten
4 Malvenblüten, Blütenblätter in Streifchen

Blüten

Cassis- und Ananassalbei

1

Weißen Ansatz der Rosenblütenblätter abschneiden.

2

Melonenhälften entkernen, das Fruchtfleisch mit einem Kugelausstecher portionieren.

3

Rosenblütenwasser, Grand Marnier und Rosenblütenblätter in eine Schüssel geben. Melonenkügelchen, Minze- und Malvenblüten zugeben, vorsichtig mischen. 30 Minuten marinieren.

4

Melonen anrichten, mit Ananas- und Cassissalbeiblüten garnieren.

Minzeeiscreme

1½ dl / 150 ml Wasser
110 g Zucker
1 Handvoll stark duftende Minzeblätter
1 Zitrone, Saft
1½ dl / 150 ml Rahm / Sahne

Blüten

Minze

1

Wasser und Zucker 5 Minuten kochen, abkühlen lassen.

2

Zuckersirup und Minzeblätter fein mixen. Zitronensaft zugeben, abseihen. Rahm unterrühren.

3

Den Minzerahm in der Eismaschine gefrieren lassen. Das Eis portionieren. Mit Minzeblüten garnieren.

Rezepte

Getränke

Duftrosen-Rotwein mit Erdbeeren

Aperitif

½ l Rotwein

5 Duftrosenblüten

200 g Erdbeeren

1–2 EL Rosenblütenwasser, Seite 108

4 EL Cointreau

Blüten

echter Jasmin, Rose, Veilchen

1

Rosenblütenblätter abzupfen und den weißen Blattansatz abschneiden. Im Rotwein über Nacht ziehen lassen, abseihen.

2

Wein und zerkleinerte Erdbeeren mixen, mit Rosenblütenwasser und Cointreau abschmecken.

3

Den Aperitif in Gläsern anrichten, mit den Blüten garnieren.

Serviervorschlag

Mit zerbröckeltem Pecorino servieren, den man mit einigen Tropfen bestem Balsamico beträufelt.

Kalter Blütentee

1 Handvoll gemischte Kräuter: englische Minze, Orangenminze, Verveine, Blüten von Lavendel oder Rosen

4 EL weißer Zucker

½ Zitrone, zerkleinert

1 l kaltes Wasser

1

Alle Zutaten in das kalte Wasser geben und 2 oder mehrere Stunden stehen lassen.

2

Tee erst am Tisch abseihen, weil die Mischung in einem Glaskrug sehr dekorativ aussieht und mit der Zeit immer mehr Aroma abgibt.

Holunderblütendrink

20 getrocknete Blüten von schwarzem Holunder

300 g Zucker

1 unbehandelte Zitrone, abgeriebene Schale

1

Die Zutaten mehlfein cuttern, in einem Glas mit Schraubdeckel aufbewahren.

2

Je Tasse 2 EL Holunderblütenzucker mit kochendem Wasser übergießen, 5 Minuten ziehen lassen, abseihen.

Variante

Holunderblüten durch Rosenblüten ersetzen.

Blütenwasser

1 l kaltes Wasser

2 Zweige Zitronenmelisse oder kräftige Minze oder Verveine oder 2 Holunderblütendolden oder Duftrosenblüten oder Zitronenblüten

1

Blüten und Wasser in einen Krug geben, 2 bis 3 Stunden stehen lassen. Abseihen.

2

Blütenwasser über Nacht kühl stellen.

Rosenbowle

für 1 Liter

10 stark duftende Rosen
2 EL Zucker
3½ dl / 350 ml Weißwein
2 dl / 200 ml Rum
2 EL Rosenblütenwasser, Seite 108
2 EL Rosenblütensirup, Seite 139

gekühlter Weißwein, Champagner oder Schaumwein
Rosenblütenwasser, Seite 108, nach Belieben

Blüten

Rosenblütenblätter

1

Rosenblütenblätter abzupfen und den weißen Blattansatz abschneiden, mit den übrigen Zutaten in eine Schüssel geben. 4 Stunden ziehen lassen.

2

Die Rosenblütenessenz in eine Bowle gießen, mit Weißwein, Champagner oder Schaumwein auffüllen. Mit Rosenblütenwasser abrunden. Mit Rosenblütenblättern garnieren.

Holunderblüten-Honigmelone-Bowle

- 2 unbehandelte Zitronen oder Limetten
- 4 Holunderblütendolden oder Zweige von Zitronenmelisse oder Verveine
- 1½ l Wasser
- 400 g Honigmelone
- 4 EL Agavendicksaft
- ½ Zitrone, Saft

1

Zitronen in Scheiben schneiden und entkernen. Holunderblütendolden auf Ungeziefer kontrollieren.

2

Zitronenscheiben und Holunderblütendolden in eine Schüssel geben und mit dem Wasser auffüllen. Einen Tag zugedeckt ziehen lassen. Abseihen und die Flüssigkeit auffangen.

3

Melone halbieren, entkernen und schälen, eine Hälfte grob zerkleinern und pürieren, unter das Holunderwasser rühren. Die zweite Melonenhälfte in Würfelchen schneiden und zur Bowle geben, mit Agavendicksaft und Zitronensaft abschmecken. Vor dem Servieren gut durchkühlen lassen.

Zitronenmelissenlimonade

125 g Zucker

4 unbehandelte Zitronen

1 Bund Zitronenmelisse, Blättchen abgezupft

1½ dl / 150 ml kochendes Wasser

6 dl / 600 ml Wasser oder kohlensäurehaltiges Mineralwasser

Blüten

Melisse, Minze oder echter Jasmin

1

Zitronen mit dem Sparschäler möglichst dünn abschälen, Zitronen auspressen.

2

Zucker, Zitronenschale und Melisse in einen hitzebeständigen Glaskrug geben. Mit kochendem Wasser auffüllen und ziehen lassen. Zitronensaft zugeben. Abseihen.

3

Limonade in Gläser füllen, mit Wasser oder Mineralwasser verdünnen. Mit abgezupften Blütenblättern garnieren.

Variante

Zitronenmelisse durch Verveine oder Minze ersetzen.

Rosenblütensirup

2 dl/200 ml Wasser

200 g Zucker

1 Handvoll abgezupfte Duftrosenblütenblätter, weißer Blattansatz entfernt

6 Zitronen, Saft

Wasser mit dem Zucker aufkochen, Rosenblütenblätter zugeben, zugedeckt abkühlen lassen. Zitronensaft zugeben. Abseihen. In eine Flasche abfüllen. Im Kühlschrank aufbewahren.

Tipp

Für eine Limonade den Sirup mit kohlensäurehaltigem Mineralwasser aufgießen. Sehr dekorativ sieht die Limonade aus, wenn man Rosenblüteneiswürfel ins Glas gibt. Für die Eiswürfel Rosenblütenknospen oder -blätter in den Eiswürfelbehälter geben, mit Wasser füllen, im Tiefkühler gefrieren lassen (Seite 132).

Lavendelsirup

1 Handvoll blühende Lavendelzweiglein je Liter Flüssigkeit.

Blüten-Aperitif

Weißwein oder Sherry

Blüten

Kamelie, Duftrose, Hibiskus, Eibisch, Yucca filamentosa, Dahlie

In jedes Glas eine Blüte legen, mit Weißwein oder Sherry auffüllen. Der Blüte ins «Auge» schauen.

Petite histoire

Rezepte

Basics

Blütenessig

½ l Weißwein- oder Apfelessig

4–8 EL Blüten

Die Blüten im Essig einige Wochen ziehen lassen, abseihen.

Blüten

Sehr delikat schmecken Rosenblüten- und Lavendelessig, aber auch ein gemischter Blütenessig lässt sich zubereiten aus allem, was man im Garten hat. Ist auch ein hübsches Geschenk.

Löwenzahnblütenhonig

für 3 Gläser

1 l Löwenzahnblüten

½ unbehandelte Zitrone, in Scheiben

1 l Wasser

1 kg Zucker

½ Vanilleschote, abgestreiftes Mark

1

Löwenzahnblüten entstielen. und auf Insekten kontrollieren, ausschütteln. Die Blüten vierteln.

2

Löwenzahnblüten mit Zitronen und Wasser aufkochen, auf der ausgeschalteten Wärmequelle zugedeckt 30 Minuten ziehen lassen. Durch ein feines Sieb passieren.

3

Löwenzahnfond, Zucker und Vanille unter Rühren aufkochen, 2½ Stunden bei schwacher Hitze köcheln lassen. Gelierprobe: Wenig Blütenhonig auf einen Teller geben; er hat die richtige Konsistenz, wenn er nicht zerläuft. In heiß ausgespülte, saubere Gläser füllen, verschließen.

Blütenlikör

Duftrosenblüten
für ein Glas von ½ Liter Inhalt

Grappa oder Branntwein
oder Kirsch

2½ dl / 250 ml Wasser

500 g Zucker

Rosenblütenblätter abzupfen, weißen Blattansatz abschneiden. Blütenblätter mit dem Grappa in das Glas füllen, 3 Wochen an einem dunklen, kühlen Ort ziehen lassen. Wasser und Zucker aufkochen, abkühlen lassen. Grappa abseihen, unter den Zuckersirup rühren.

Varianten

Rosenblüten durch Thymian- oder Minzeblüten ersetzen.

Blütenzucker

350 g weißer Zucker

3–4 Handvoll Blütenblätter, z. B. von Lavendel, Goldmelisse, Duftrose, wenig Gewürztagetes, Flammenblume, Ananas- und Cassissalbei, Orangenminze, Thymian, Rosmarin

Die Blüten auf Ungeziefer kontrollieren. Die Blütenblätter abzupfen. Die Blütenblätter mit dem Zucker mixen; ergibt einen leicht feuchten Zucker, was zum Backen keine Rolle spielt. Oder die Blütenblätter einige Tage am Schatten oder im Backofen bei 50 °C 3 bis 4 Stunden trocknen, mit dem Zucker im Cutter mahlen. In Gläsern mit Schraubverschluss aufbewahren.

Varianten und Tipps

Zucker nur mit Rosenblüten oder Lavendel zubereiten. Am Ende der Saison alle aromatisierten Zuckersorten mischen. Das Blütenpotpourri eignet sich zum Backen und zum Aromatisieren von Drinks und Cremes. Für Blütenzucker eignet sich nur raffinierter weißer Zucker. Bei Vollrohrzucker geht das Blütenaroma verloren.

Eingezuckerte Blüten

sehr frische ganze Blüten

1 Eiweiß

feiner weißer Zucker

Das Eiweiß gut verquirlen, es soll weiß, aber noch flüssig sein. Blüten säubern und auf Ungeziefer kontrollieren. Grüne Teile abzupfen oder abschneiden. Blüten mittels Pinsel mit verquirltem Eiweiß bepinseln und sorgfältig mit feinem Zucker bestreuen.

Tipp

Es gibt Blüten, die durch das Einzuckern eine bräunliche Farbe bekommen. Hier kann Abhilfe geschaffen werden, wenn dem Eiweiß eine Messerspitze Zitronensäure beigegeben wird.

Bunte Blütenbutter

200–250 g weiche Butter

1 Handvoll Blütenblätter, z. B. Gewürztagetes, Ringelblume, Borretsch, Taglilie, Ananassalbei, Speisechrysantheme, Zwiebel, Thymian, Minze, Pelargonie, Rose, Kornblume, evtl. zerkleinert

1 Prise Fleur de Sel

1

Butter luftig aufschlagen, am besten mit dem Handrührgerät. Blütenblätter unterrühren, mit Salz abschmecken.

2

Butter mit Hilfe einer Alufolie oder einem Pergamentpapier zu einer Rolle formen. Im Kühlschrank oder im Tiefkühler fest werden lassen.

Tipp

Passt zu Brot und Pasta.

Abbildung

Süße Rosenblütenbutter

100 g weiche Butter

2 Duftrosen oder Handvoll Blütenblätter, z. B. Gewürztagetes, Ringelblume, Borretsch, Taglilie, Ananassalbei, Speisechrysantheme, Zwiebel, Thymian, Minze, Pelargonie, Rose, Kornblume, evtl. zerkleinert

wenig Zucker

einige Tropfen echtes ätherisches Rosenblütenöl, nach Belieben

1

Rosenblütenblätter abzupfen und den weißen Blattansatz abschneiden, übrige Blütenblätter in feine Streifen schneiden.

2

Die Butter mit dem Handrührgerät luftig aufschlagen, Rosenblütenstreifen unterrühren, mit wenig Zucker und Rosenblütenöl abrunden.

Petite histoire
jardin

Mehr über Blüten

Bezugsadressen

Am besten aus dem eigenen Garten – oder beim Kräuterhändler Ihres Vertrauens. Es gibt inzwischen auch viele Versender (bitte achten Sie auf Bio-Qualität!), die im Internet zu finden sind.

Tipp der Hädecke-Redaktion:
www.essbare-landschaften.de

Blütenfeste, Gärten und anderes

Die folgende Liste bietet nur eine Auswahl und erhebt keinen Anspruch auf Vollständigkeit. Wo nicht anders vermerkt, finden die Feste jährlich statt. Öffnungszeiten und genaue Veranstaltungstermine bitte direkt erfragen.

Altländer Blütenfest Anfang Mai
D-21635 Jork, Fon + 49 (0) 41 62 / 91 13 95
www.altlaender-bluetenfest.de

Blütenfest Anfang September
mit Blumenkorso und Wahl der Blütenkönigin
D-26639 Wiesmoor, Fon +49 (0) 49 44 / 91 98 0
www.bluetenfest.de, www.wiesmoor.de
tourist-info@wiesmoor.de

Blütenfest Anfang / Mitte April
OT Friedrichsdorf, D-27442 Gnarrenburg
Fon +49 (0) 47 63 / 62 71 11
www.touristik-gnarrenburg.de
info@touristik-gnarrenburg.de

Hamelner Blütenzauber Mitte Mai
Bürgergarten, D-31785 Hameln
Fon +49 (0) 51 51 / 95 78 21
www.hameln-marketing.de
stadtmarketing@hameln-tourismus.de

Blütenfest Christi Himmelfahrt, Mitte Mai
OT Oberreichenbach, Dorfplatz
D-63633 Birstein, Fon +49 (0) 60 54 / 80 8-0
www.birstein.de, info@birstein.de

Blütenfest Mitte April, u. a. mit geführten Blütenwanderungen
Historische Altstadt, D-67251 Freinsheim
Fon +49 (0) 63 53 / 98 92 94
www.stadt-freinsheim.de, verkehrsverein@freinsheim.de

Chrysanthemen

Chrysanthema Oktober / November
Mit Wahl der Chrysanthemen-Königin. Spezialitäten wie Chrysanthemen-Trüffel und Chrysanthemen-Bier.
D-77933 Lahr, Fon +49 (0) 78 21 / 91 00 128
www.chrysanthema.de, chrysanthema@lahr.de

Dahlien

Dahlienfest Mit Wahl der Dahlienkönigin, Anfang September
Dahlien-Zentrum Bad Köstritz, Julius-Sturm-Strasse 10
D-07586 Bad Köstritz, Fon +49 (0) 36 60 5 / 99 910
www.dahlienzentrum.de, info@stadt-bad-koestritz.de

Dahliengarten Hamburg
Der Dahliengarten in Altona ist Europas ältester noch bestehender Dahliengarten. Bereits im Jahre 1920 wurden im Volkspark die ersten Dahlien angepflanzt, an seinem heutigen Standort existiert der Dahliengarten seit 1932.
Geöffnet von Mitte Juli bis Ende Oktober
Stadionstrasse 10, D-22525 Hamburg
Fon +49 (0) 40 / 89 71 26 93, www.dahliengarten-hamburg.de

Deutsche Dahlien-, Fuchsien- und Gladiolen-Gesellschaft e. V.
Geschäftsstelle, Maasstrasse 153, D-47608 Geldern-Walbeck
www.ddfgg.de, info@ddfgg.de

Dahlienfestival mit Blumenkorso
Alle drei Jahre Anfang September (das nächste Mal 2011)
D-48739 Legden, Fon +49 (0) 25 66 / 38 24
www.blumenkorso-legden.de, info@blumenkorso-legden.de

Flieder

Fliederfest Mitte Mai, Fliedercorso, Pflanzen eines Fliederbaumes und Wahl der Fliederkönigin, D-06567 Bad Frankenhausen
Fon +49 (0) 34 671 / 72 00
www.bad-frankenhausen.de, info@bad-frankenhausen.de

Fliederblütenfest Samstag nach Himmelfahrt
Alle zwei Jahre Wahl der Fliederblütenkönigin
D-15326 Lebus, Fon +49 (0) 33 604/44 50
www.amt-lebus.de, edv@amt-lebus.de

Fliederfest Mitte Mai, D-16818 Wustrau
www.wustrau.de

Fliederfest Anfang Mai, Fliederplatz Mühlburg
D-76185 Karlsruhe-Mühlburg
www.muehlburg-live.de

Kamelien

Internationale Kamelien-Gesellschaft ICS
The International Camellia Society
www.camellia-ics.org

Pillnitzer Kamelie 230 Jahre alte Kamelie
Das Kamelienhaus ist von Mitte Februar
bis Mitte April geöffnet
Pillnitz bei Dresden, D-01326 Dresden
Fon +49 (0) 351/26 13 260
www.schloesser-dresden.de
pillnitz@schloesserland-sachsen.de

Seidelsche Kameliensammlung
Landschloss Pirna-Zuschendorf
Am Landschloss 6, D-01796 Pirna
www.kamelienschloss.de
info@kamelienschloss.de

Deutsche Kamelien-Gesellschaft e.V.
Arndtstrasse 1A, D-52064 Aachen
Fon +49 (0) 241/97 90 607
www.kamelien-online.de

Rosen

Rosenfeste und -gärten gibt es sehr viele! Einige davon finden Sie in unserem Buch **«Rosen – für Küche, Schönheit und Hausapotheke» ISBN 978-3-7750-0530-2**
Eine Liste können Sie auch über unseren Leserservice beziehen (Fon +49 (0) 70 33/13 80 80 oder info@haedecke-verlag.de)

Empfehlung der Redaktion:
www.welt-der-rosen.de
Alles rund um die Rose: Adressen, Feste, Gedichte, Märchen, Buchtipps …

Taglilien

Taglilienfest Ende Juni, Rosengarten Putz
Brunn 151, A-8350 Fehring, Fon +43 (0) 699/81 31 55 22
www.rosen-garten.at, www.lebensgaerten.at

Taglilien-Schaugarten Botanischer Garten der Universität Ulm
Hans-Krebs-Weg, D-89081 Ulm
www.uni-ulm.de/einrichtungen/garten.html

Wilde Mischung

Apfelblütenfest an der Steirischen Apfelstraße Ende April
A-8182 Puch bei Weiz, Fon +43 (0) 31 77/22 22
www.puch-weiz.at

Festival der Lilien Juli/August
Herbstflora (u.a. Chrysanthemen) September
Natur- und Blumen Erlebnis-Park, Sonnegger See
A-9141 Sittersdorf/Eberndof
www.blumen-erlebnis-park.at, natur.blumenpark@gmail.com

Krokusblütenfest Ende März, D-25813 Husum
Fon +49 (0) 48 41/89 87 0
www.husum-tourismus.de, info@husum-tourismus.de

Buchweizenblütenfest Am letzten Sonntag im Juli
Emsland Moormuseum, Geestmoor 6,
D-49744 Geeste, Fon +49 (0) 59 37/70 99 90
www.moormuseum.de, kontakt@moormuseum.de

Fête du Jasmin (Jasminfest) Anfang August, traditionelles Fest zum Beginn der Jasminblüten-Ernte mit Wahl der Jasminkönigin
F-06335 Grasse, Tourist Office Fon +33 (0)4 93 36 66 66
www.grasse.fr, www.ville-grasse.fr, www.provence-netz.de

Hosta-(Funkien-)Tage Mitte Juni, Hostaworld
Wesselseweg 46, NL-3771PC Barneveld
Fon +31 (0) 621 29 77 29, www.hostaworld.nl

Literaturverzeichnis

Gesellschaft Schweizer Staudenfreunde (Hg.): Salvien. Jahrbuch der Staudenfreunde, 2005

Aichele, Dietmar: Was blüht denn da? Wildwachsende Blütenpflanzen Mitteleuropas. Kosmos, 1985

Baumann, Uwe und Kathrin Rüegg (Hg.): Chrysanthema Lahr. Kaufmann Verlag, 2007

Brown, Kathy u. a.: Blüten-Kochbuch. Die schönsten Rezepte mit Blüten zum Reinbeißen und Tipps zum Anbau. Kaleidoskop, 2009

Bürki, Moritz: Bildatlas Sommerblumen mit Herbstzauber: Anzucht und Verwendung. Fischer Media, 2000

Cheers, Gordon (Hg.): Botanica. Das Abc der Pflanzen. 10 000 Arten in Text und Bild. Könemann, 2003

de Lestrieux, Elisabeth u. a.: Der Geschmack von Blumen und Blüten. DuMont, 1993

Erhardt, Walter: Hemerocallis, Taglilien. Ulmer, 1988

Hay, Roy u. a.: Gartenblumen. Die Sommerblumen und Stauden für den Hausgarten. Ulmer, 1988

Heistinger, Andrea u. a.: Blüten Orgien. Typo-Verlag, 2007

Kabitzsch, Martina: Blütenmenüs. Der Garten bittet zu Tisch. Thorbecke, 2009

Kräuter Simon, Langenhorn: Rezeptbroschüre

Liebenow, Karin und Horst: Giftpflanzen. Verlag Enke, 1981

McVicar, Jekka: Essbare Blüten. BLV, 1998

Menzel, Peter und Ilse: Das Kletterpflanzenbuch Ulmer, 1988

Messerli, Karin: Karin Messerlis Blütengeheimnisse. 52 süsse Rezepte mit duftigen Blüten. Werd Verlag, 1999

ProSpecieRara, Stadtgärtnerei Bern (Hg.): Schaugarten Elfenau: Renaissance vergessener Zierpflanzen. Informationen zum Projekt. Herkunft und Geschichte der Pflanzen: Zwiebelpflanzen, Zweijährige und Stauden. Stadt Bern, 2007

Rau, Heide: Duftrosen. Gräfe und Unzer, 2007

Rau, Heide und Marion Nickig: Köstliche Blüten. Edition Ellert & Richter, 2007

Roloff, Andreas und Andreas Bärtels: Gartenflora, Band 1, Gehölze. Ulmer, 1996

Schleiden, Matthias Jacob: Die Rose, Geschichte und Symbolik. Verlag Frick, 1976

Tonickova, Eva: Gemüse. Werner Dausien 1985

Voss, Bernhard: Citruspflanzen von Tropisch bis Winterhart: Ein Sortenratgeber mit über 80 Sorten. Humbach & Nemazal, 1997

Wiegele, Miriam: Duftpelargonien. Anbau, Pflege, Sorten. Ulmer, 2000

Wyss Samen und Pflanzen AG, Zuchwil

Zander, Robert u. a.: Handwörterbuch der Pflanzennamen. Ulmer, 2000

Autorenporträts

Erica Bänziger

Erica Bänziger ist diplomierte Ernährungsberaterin. Sie bildete sich später zur Gesundheitsberaterin aus. Heute arbeitet sie als selbständige Unternehmerin, Referentin und Ausbilderin. Die Köchin aus Leidenschaft ist eine Pionierin des gesunden Genusses. Von ihr erschienen bereits zahlreiche erfolgreiche Kochbücher.

Ruth Bossardt

Ruth Bossardt ist Fachfrau für Pflanzen und Gärten. Sie arbeitet seit 30 Jahren als Journalistin, Projektleiterin, Gartenbaulehrerin und Kursreferentin im Bereich biologischer Gartenbau. Sie lebt in einem alten Haus mit einem Garten, den sie immer mehr nach ihren Vorstellungen gestaltet.

Register